Klasse 3/4

Gabriela Rosenwald

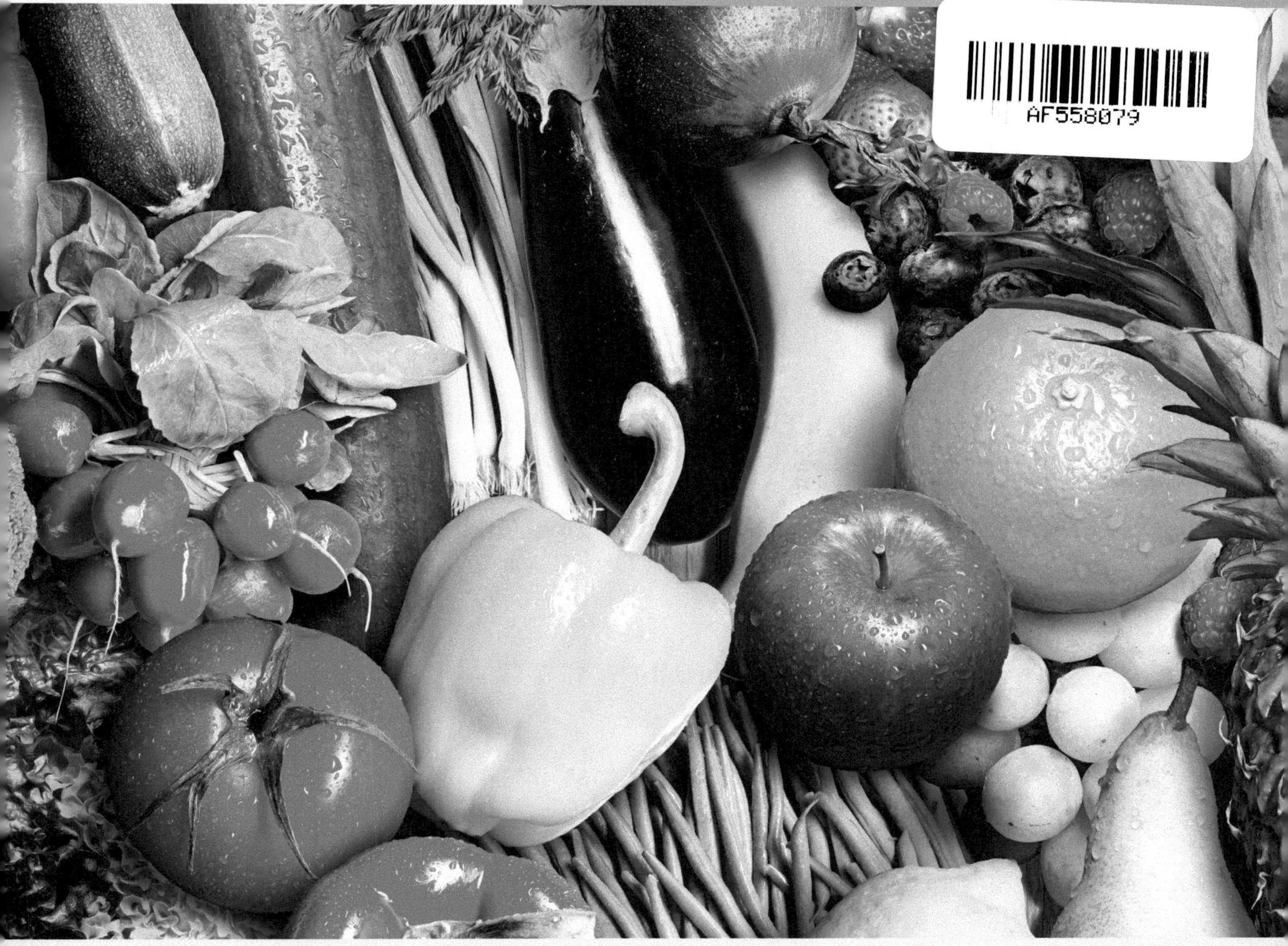

Lernwerkstatt

Obst & Gemüse

Was ist Obst, was Gemüse?
Und was ist gesund?

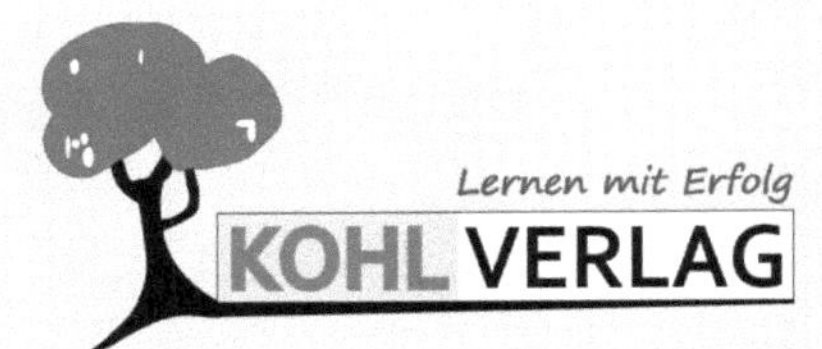

Lernwerkstatt „Obst und Gemüse“

Was ist Obst? Was Gemüse? Und was ist gesund?

4. Auflage 2026

Inhalt: Gabriela Rosenwald
Coverbild: © lassedesignen - fotolia.com
Redaktion: Kohl-Verlag
Grafik & Satz: Kohl-Verlag
Druck: Elanders Druck, Waiblingen

Bestell-Nr. 11 747

ISBN: 978-3-95686-736-1

Verwendete Schrift: *„Grundschrift“ von Christian Urff, lizenziert unter CC-BY 3.0*

Kontakt: Kohl-Verlag, An der Brennerei 37-45, 50170 Kerpen
Tel: +49 2275 331610, Mail: info@kohlverlag.de

Inhalt

		Seite
	Vorwort	4
	Arbeitspass	5
I	**Bausteine unserer Nahrung** • *Vitamine* • *Mineralstoffe und Spurenelemente* • *Fünfmal am Tag*	6 - 10
II	**Obst und Gemüse – Verschiedene Arten, Herkunft** • *Die Farben von Obst und Gemüse*	11 - 13
III	**Heimisches Obst und bekannte Südfrüchte**	14 - 15
IV	**Kernobst – Apfel und Birne** • *In einem kleinen Apfel* • *Spannenlanger Hansel, nudeldicke Dirn*	16 - 20
V	**Steinobst** • *Pfirsich, Pflaume, Zwetschge, Mirabelle, Nektarine, Aprikose, Kirschen*	21 - 22
VI	**Beerenobst** • *Apfelsinen, Mandarinen, Clementinen, Grapefruit, Zitronen, Limetten*	23 - 26
VII	**Zitrusfrüchte**	27 - 28
VIII	**Südfrüchte** • *Bananen, Ananas, Kiwi* • *Die Obst-Tester*	29 - 30
IX	**Unser Gemüse** • *Blattgemüse*	31
X	**Kohlgemüse**	32 - 34
XI	**Stängelgemüse** • *Spargel, Rhabarber, Staudensellerie, Kartoffel*	35
XII	**Fruchtgemüse** • *Erbsen, Bohnen, Mais, Gurken, Kürbis, Paprika, Zucchini, Tomaten*	36 - 38
XIII	**Zwiebelgemüse** • *Porree (Lauch), Zwiebeln, (Lauch-)Frühlingszwiebeln, Knoblauch*	39
XIV	**Wurzelgemüse** • *Karotten (Möhren), Radieschen, Knollen-Sellerie, Rote Bete*	40
XV	**Zusatzmaterial**	41 - 50
XVI	**Lösungen**	51 - 55

Vorwort

Liebe Kolleginnen und Kollegen,

auch wenn uns die Medien laufend erklären, welches Obst oder Gemüse besonders gesund sei (warum auch immer), gilt im Endeffekt nur eins: Abwechslung verschafft uns alle Vitamine, Mineralstoffe und Spurenelemente, die unser Körper braucht.

Was ist der Unterschied zwischen Stein- und Kernobst? Wie wird aus Weißkohl Sauerkraut? Ist Spinat wirklich so gesund? Was ist Rotkohl, was ist Blaukraut? Diese und viele andere Fragen rund um Obst und Gemüse werden hier beantwortet.

Ihre Schüler und Schülerinnen können anhand von Rätseln, Aufgaben, Zuordnungen und Spielen erforschen, wo Obst und Gemüse herkommen, zu welcher Zeit es Saison hat und welche gesunden Inhaltsstoffe es besitzt.

Es gibt Kopiervorlagen in verschiedenen Schwierigkeitsgraden, wonach Sie entscheiden können, welche sich für Ihre Schüler eignen. Jedes Thema kann separat bearbeitet werden, und durch Rätseln und Spielen lernen die Kinder ebenfalls eine ganze Menge über unsere gesunde Nahrung. Mit einigen Rezepten und Versuchen ist auch die praktische Seite vertreten.

Viel Freude und Erfolg beim Einsatz der vorliegenden Kopiervorlagen wünschen Ihnen der Kohl-Verlag und

Gabriela Rosenwald

Bedeutung der Symbole:

Einzelarbeit

Partnerarbeit

Schreibe ins Heft / in deinen Ordner

Arbeiten in kleinen Gruppen

Arbeiten im Plenum / in der Klasse

Arbeitspass

Name: ______________________ Klasse: __________

Seite	Thema	begonnen	beendet

KOHL VERLAG Lernen mit Erfolg
Lernwerkstatt OBST & GEMÜSE
Was ist gesund? – Bestell-Nr. 11 747

I. Bausteine unserer Nahrung

Aufgabe 1: *Unser Körper braucht Eiweiß, Fett und Kohlenhydrate. Doch ganz wichtig sind auch dazu Vitamine, Mineralstoffe, Spurenelemente und Ballaststoffe. Schneide die Steine aus und klebe sie richtig zugeordnet auf ein Blatt in dein Heft/Ordner.*

Spurenelemente sind u. a. Eisen, Kupfer und Jod. Der Körper braucht nur winzige Mengen davon, aber er braucht sie!

Kohlenhydrate liefern uns Energie und machen satt. Sie sind in Brot, Müsli, Reis, Nudeln, Haferflocken, aber auch in Kartoffeln.

EA **Aufgabe 2:** *Schneide die Puzzle-Teile aus und setze das Puzzle so zusammen, dass sich ein Rechteck ergibt.*

Vitamine haben viele Aufgaben: Sie sind für den Aufbau von Körperzellen, Knochen, Zähnen verantwortlich. Vitamine gibt es in Obst und Gemüse.

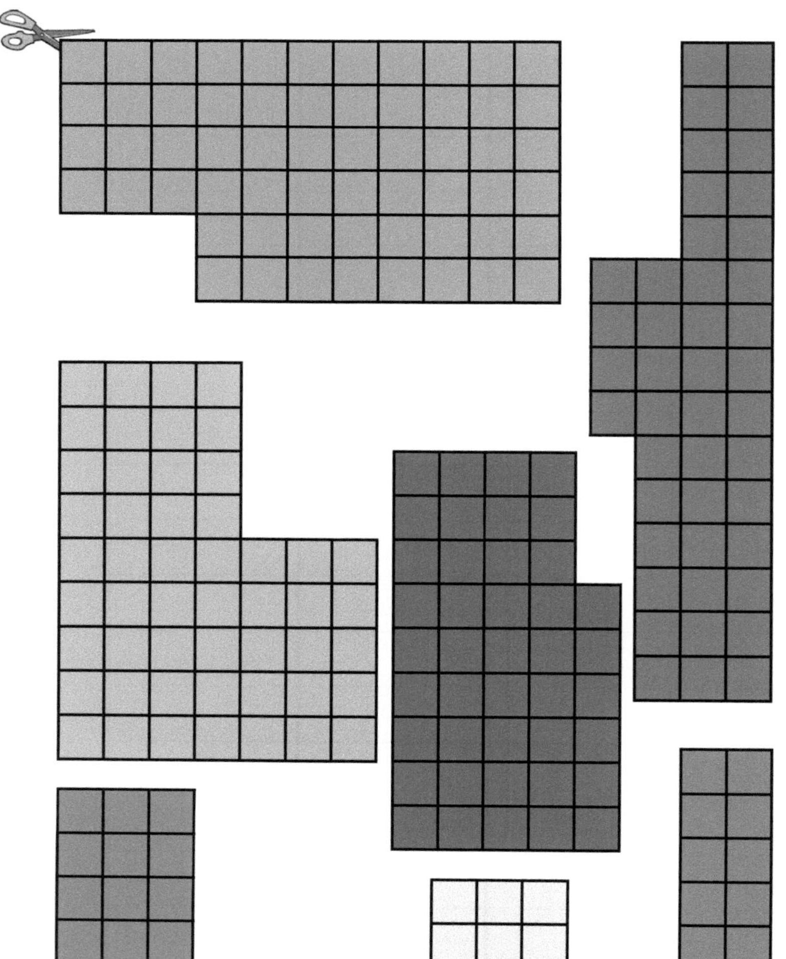

Fett ist enthalten in: Öl, Butter und Käse, Margarine, fettem Fleisch und Wurst. Es gibt noch ganz viele „versteckte" Fette, z. B. in Backwaren oder Süßigkeiten.

Eiweiß kann unser Körper nicht speichern. So müssen wir ihn regelmäßig damit versorgen. Eiweiß ist Baumaterial für Muskeln, Organe, Haare und Fingernägel. Es ist in Fleisch, Fisch, Ei, Milch, Hülsenfrüchten (Erbsen, Bohnen), Sojaprodukten und Nüssen.

Mineralstoffe brauchen wir nur in kleinen Mengen. Calcium und Phosphor sind wichtige Bestandteile von Knochen und Zähnen.

Ballaststoffe finden sich in Getreide, Obst, Gemüse und Hülsenfrüchten. Ballaststoffe sind wichtig für eine gute Verdauung.

Lernwerkstatt OBST & GEMÜSE
Was ist gesund? – Bestell-Nr. 11 747

I. Bausteine unserer Nahrung

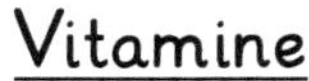

Vitamine

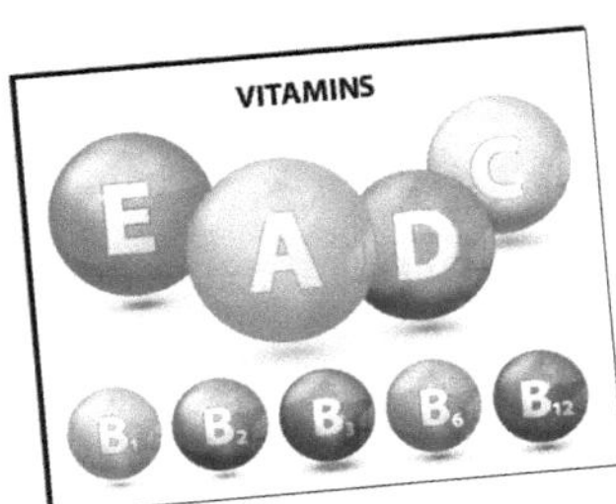

Schon vor etwa 100 Jahren stellte man fest, warum Obst und Gemüse so gesund sind: Man entdeckte die Vitamine. Vitamine sind Stoffe, die unser Körper benötigt. Wir müssen sie über die Nahrung zu uns nehmen. Vitamine sind für uns wichtig. Die Vitamine A, D, E und K können von unserem Körper nur genutzt werden, wenn wir gleichzeitig ein wenig Fett (z. B. ein Stückchen Butter zu den Möhren) essen. Man nennt sie daher auch fettlösliche Vitamine. Vitamin C und Vitamine der B-Gruppe sind wasserlöslich.

Vitamin A

Vitamin A benötigen wir für unsere Haut und Augen. Es ist in Milch, Butter oder Eigelb enthalten und in einer Vorstufe in Möhren oder Orangen.

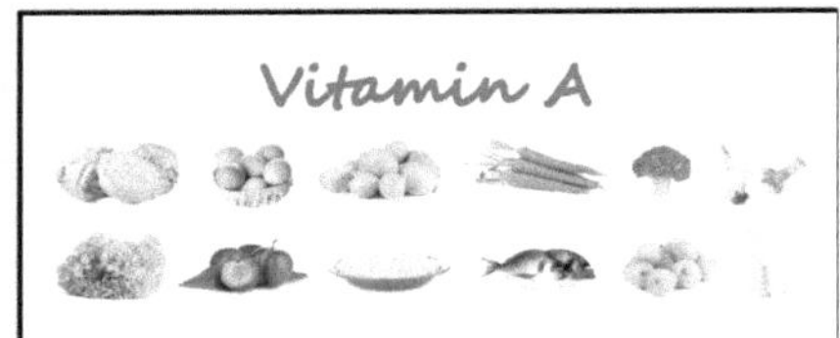

Vitamin B

Es gibt eine ganze Reihe von B-Vitaminen. Sie sorgen für Nerven und Stoffwechsel. Sie sind in Vollkornprodukten, ungeschältem Reis, Linsen, Milch und auch in Fleisch enthalten.

Vitamin C

Vitamin C ist notwendig für unsere Abwehrkräfte, für Zähne und Zahnfleisch und unseren Knochenaufbau. Es ist z. B. in Paprika, Tomaten, Brokkoli, Kiwi, Zitronen, Orangen oder Äpfeln.

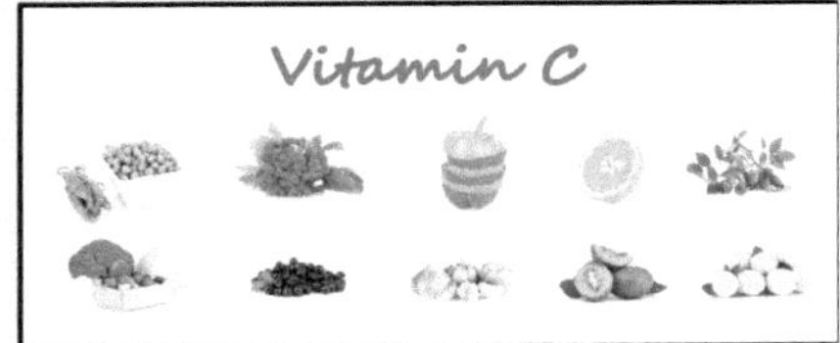

Vitamin D

Vitamin D kann unser Körper mit Sonnenlicht und abwechslungsreicher Ernährung selber herstellen. Es ist wichtig für Zähne und Knochen.

Vitamin E

Vitamin E schützt Haut und Muskeln. Es kommt in Pflanzenölen, Fisch, Johannisbeeren, Paprika, Blattgemüse wie Spinat oder auch im Grünkohl vor.

Aufgabe 3: *Welche Vitamine sind fettlöslich? Das heißt, zu welchen Vitaminen müssen wir etwas Fett zufügen, damit unser Körper sie nutzen kann?*

Aufgabe 4: *Fülle die Tabelle richtig aus. Lies dazu den Text oben.*

Vitamin	gut für	kommt z. B. vor in
A		
B		
C		
D		
E		

KOHL VERLAG Lernwerkstatt OBST & GEMÜSE Was ist gesund? – Bestell-Nr. 11 747

Mineralstoffe und Spurenelemente

Mineralstoffe gehören wie Vitamine und Spurenelemente zu den wichtigen Stoffen, die unser Körper braucht. Sie kommen in pflanzlichen und tierischen Lebensmitteln vor. Kalzium benötigen wir für starke Knochen und Zähne. **Magnesium**, **Kalium** und **Natrium** gehören wie das **Kalzium** zu den lebenswichtigen Mineralstoffen.

Zu den Spurenelementen gehören Stoffe wie **Eisen**, **Kupfer**, **Jod** oder **Fluor**. Der Körper benötigt winzige Mengen dieser Stoffe, um gesund zu bleiben. Doch sie sind wichtig. Sie stecken wie Vitamine in unseren natürlichen Lebensmitteln.

Aufgabe 5: a) *Setze Mineralstoffe und Spurenelemente richtig ins Gitter ein. Einige Buchstaben sind zur Hilfe vorgegeben.*

K	A		I		M			
K			F	5	R			
M	A	1	N					M
N		3		I	U			
J		7						
F			O	4				
K			Z	6	U	M		
2		S	8	N				

b) *Notiere die Buchstaben aus den Feldern mit den Zahlen. Das Lösungswort nennt dir ein weiteres, wichtiges Nahrungsmittel.*

1	2	3	4	5	6	7	8

c) *Du hast das Lösungswort gefunden. Zeichne auf, welche Nahrungsmittel daraus hergestellt werden:*

KOHL VERLAG Lernwerkstatt OBST & GEMÜSE Was ist gesund? – Bestell-Nr. 11 747

Aufgabe 6: *Warum sollst du Obst und Gemüse essen? Was sagen dir deine Eltern, Großeltern oder Lehrer dazu? Die Sätze sind durcheinander. Ordne sie und schreibe sie richtig auf.*

1. Obst – und – schmeckt – ist – gesund – gut.

   ____

2. verschiedene – brauchst – Vitamine – Du.

   ____

3. für die Verdauung – wichtig – sind – Ballaststoffe.

   ____

4. Vitamine – enthält – Spurenelemente – und – Obst.

   ____

5. Ballaststoffe – hat – viele – Kohl.

   ____

6. Erbsen – Eiweiß – und – Bohnen – enthalten.

   ____

7. Vitamine – enthält – und – Mineralstoffe – Gemüse.

   ____

8. sind – Eisen – wie – Spurenelemente – wichtig.

   ____

9. Obst – In – und – Ballaststoffe – sind – Gemüse – viele.

   ____

10. Knochen – brauchen – und – Mineralstoffe – Zähne.

   ____

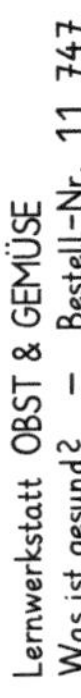

Fünfmal am Tag

Die Aktion „5 am Tag" bedeutet, dass du 5-mal am Tag Obst und Gemüse essen sollst, um fit und gesund zu bleiben! Obst und Gemüse enthalten wichtige Vitamine, Mineralstoffe, Spurenelemente und Ballaststoffe. Um die verschiedenen Vitamine usw. zu erhalten, solltest du verschiedene Sorten essen. Das wären z. B. Gemüse, Salat, Obst, Nüsse oder Trockenfrüchte.

Aufgabe 7: *Hier siehst du einen Tagesplan. Zähle nach, wie viele Portionen Obst und Gemüse dort enthalten sind (auch Saft, Mandeln und Nüsse zählen dazu). Liste sie auf.*

- Morgens Müsli mit frischen Früchten und gehackten Mandeln
- Als Zwischenmahlzeit Quarkspeise mit Banane und Orange oder einfach ein Apfel oder eine Möhre
- Mittags eine Lasagne mit Zucchini, Tomaten und Hackfleisch. Danach ein Eis mit Erdbeeren als Nachtisch
- Zwischendurch ein paar Nüsse naschen und ein Glas Orangensaft
- Abends ein leckerer Salat mit frisch geröstetem Brot.

Aufgabe 8: *Notiere, was du gestern gegessen hast. Wie viele Portionen Obst und Gemüse waren dabei?*

1. Frühstück	
2. Frühstück	
Mittagessen	
Nachmittags	
Abendessen	

Aufgabe 9: *Wie sieht ein guter Tagesplan für dich aus? Was magst du gerne?*

1. Frühstück	
2. Frühstück	
Mittagessen	
Nachmittags	
Abendessen	

KOHL VERLAG Lernwerkstatt OBST & GEMÜSE Was ist gesund? – Bestell-Nr. 11 747

II. Obst und Gemüse

EA

Aufgabe 1: *Was ist Obst und was Gemüse? Male die Kärtchen unten an. Schneide sie aus. Klebe sie nach Obst und Gemüse geordnet auf.*

Obst		Gemüse	

Lernwerkstatt OBST & GEMÜSE
Was ist gesund? – Bestell-Nr. 11 747
KOHL VERLAG

II. Obst und Gemüse

Die Farben von Obst und Gemüse

Es gibt rote, grüne, gelbe und orange Obst- und Gemüsesorten. Auch blaue oder lila Farben kommen vor: Die Farbstoffe haben komplizierte Namen.

Aufgabe 2: *Findet zu jeder Farbe Obst- und Gemüsesorten.*

Blaue Farben nennt man Anthocyane.	
Carotin gibt orange und gelbe Farbtöne.	
Chlorophyll färbt Früchte und Gemüse grün.	
Flavonoide schaffen rote Farbtöne.	
Dann kennen wir auch weißes Gemüse. Das muss meistens ohne Licht unter der Erde wachsen oder wird vor Licht geschützt.	

Obst und Gemüse reist um die Welt

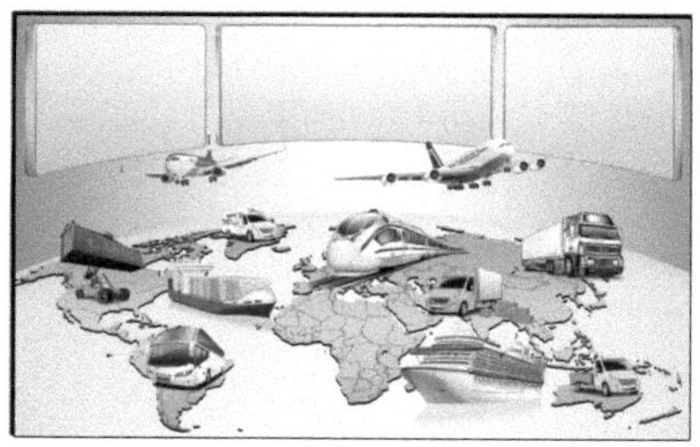

Viele Obst- und Gemüsesorten haben eine Reise um die halbe Welt hinter sich, bis sie bei uns ankommen. Andere Obst- und Gemüsesorten, die noch vor Jahrzehnten fast unbekannt bei uns waren, wachsen heute auch in unseren Gärten.

So kommen Erdbeeren im Winter aus Südspanien, Frühkartoffeln im Januar aus Ägypten, Marokko oder Israel.

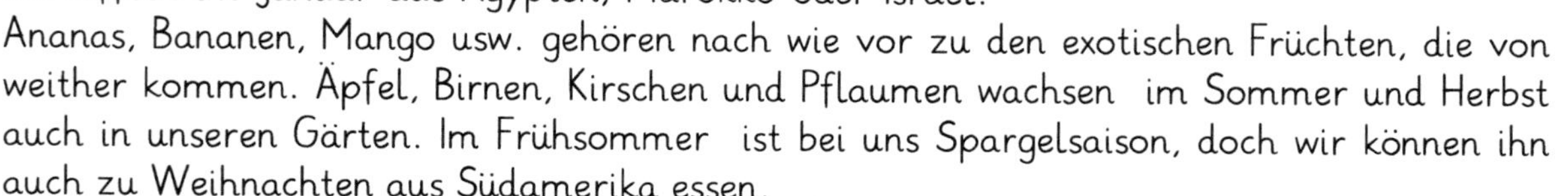

Ananas, Bananen, Mango usw. gehören nach wie vor zu den exotischen Früchten, die von weither kommen. Äpfel, Birnen, Kirschen und Pflaumen wachsen im Sommer und Herbst auch in unseren Gärten. Im Frühsommer ist bei uns Spargelsaison, doch wir können ihn auch zu Weihnachten aus Südamerika essen.

Die weiten Transportwege haben Nachteile: Flugzeuge und Schiffe verbrauchen Treibstoff und schaden mit den Abgasen unserem Klima.

Aufgabe 3: *Achtet beim nächsten Einkauf darauf, woher Obst oder Gemüse kommt. Es steht auf einem Etikett am Obst oder auf der Obst- bzw. Gemüsekiste. Oft gibt es auch Werbeprospekte, die Obst aus allen Ländern anbieten. Welche Länder findet ihr? Schaut auf einer Weltkarte nach.*

Lernwerkstatt OBST & GEMÜSE
Was ist gesund? – Bestell-Nr. 11 747

II. Obst und Gemüse

Aufgabe 4: *Macht einen Ausflug zu einem Bauernladen oder Wochenmarkt. Schaut euch an, was es an Obst und Gemüse gibt. Zählt nach:*

Wie viele verschiedene Obstsorten werden angeboten? Es gibt ________________ Sorten.

Wie viele verschiedene Gemüsesorten gibt es?
Es gibt ________________ Sorten.

Aufgabe 5: *Notiere 3 Obst- und 3 Gemüsearten. Wo kommen sie her?*

Obst	Herkunft

Gemüse	Herkunft

Aufgabe 6: *Macht einen Ausflug zu einem Supermarkt oder Discounter. Schaut euch um, was es dort an Obst und Gemüse gibt. Zählt nach:*

Wie viele verschiedene Obstsorten werden angeboten?
Es gibt ________________ Sorten.

Wie viele verschiedene Gemüsesorten gibt es?
Es gibt ________________ Sorten.

Aufgabe 7: *Notiere wieder 3 Obst- und 3 Gemüsearten. Wo kommen sie her?*

Obst	Herkunft

Gemüse	Herkunft

Aufgabe 8: *Vergleicht: Wer hat mehr Auswahl? Wer ist preiswerter? Wie kann das kommen? Wo würdet ihr lieber einkaufen? Erklärt eure Gründe.*

III. Obst, was bei uns wächst

Wir unterscheiden dreierlei Obst, was bei uns wächst: Kernobst, Steinobst und Beerenobst.

Beim Kernobst befinden sich die Kerne im Inneren der Frucht und liegen in einem Gehäuse. Um das Gehäuse herum befinden sich das Fruchtfleisch und die Schale. Jan kennt Äpfel und Birnen.

Aufgabe 1: *Schreibe die richtigen Namen unter das Obst.*

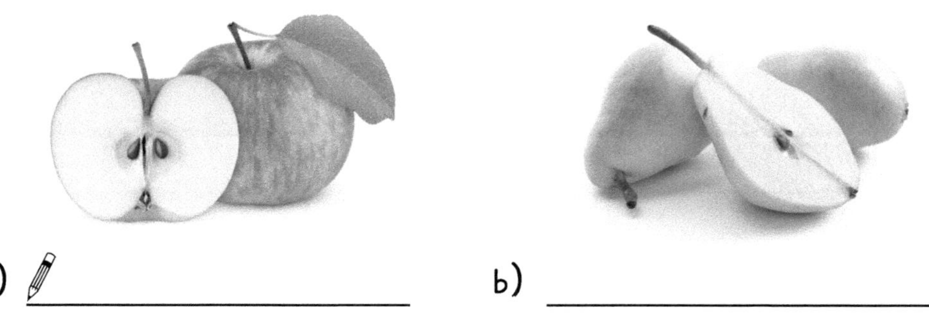

a) ____________________ b) ____________________

Beim Steinobst sind die Samen erst mal von einem holzigen Kern (der hart wie Stein ist) umschlossen. Dieser Kern liegt im Inneren der Frucht und ist vom Fruchtfleisch und der Schale umschlossen. Marie kennt Obst mit Steinen: Dazu gehören Pfirsiche, Kirschen, Mirabellen, Pflaumen, Nektarinen und Aprikosen.

Aufgabe 2: *Schreibe die richtigen Namen unter das Obst.*

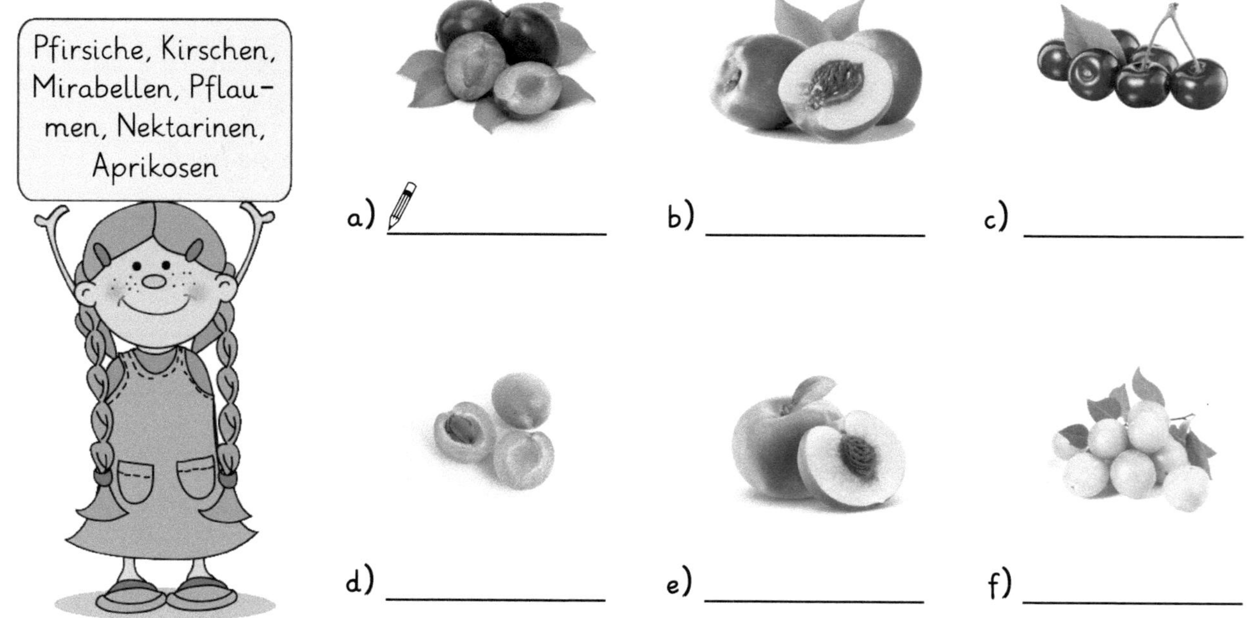

a) ____________ b) ____________ c) ____________

d) ____________ e) ____________ f) ____________

Lernwerkstatt OBST & GEMÜSE
Was ist gesund? – Bestell-Nr. 11 747
KOHL VERLAG

III. Obst, was bei uns wächst

Die Samen des Beerenobstes sind meist so klein und weich, dass wir sie einfach mitessen. Beerenobst sind Früchte, die weich, klein und rundlich sind.

Lotta kennt sich bei Beerenobst aus: Erdbeeren, Himbeeren, Johannisbeeren, Brombeeren, Blaubeeren, Stachelbeeren und Weinbeeren (die wir aber meist Weintrauben nennen).

EA

Aufgabe 3: *Schreibe die richtigen Namen unter die Beeren.*

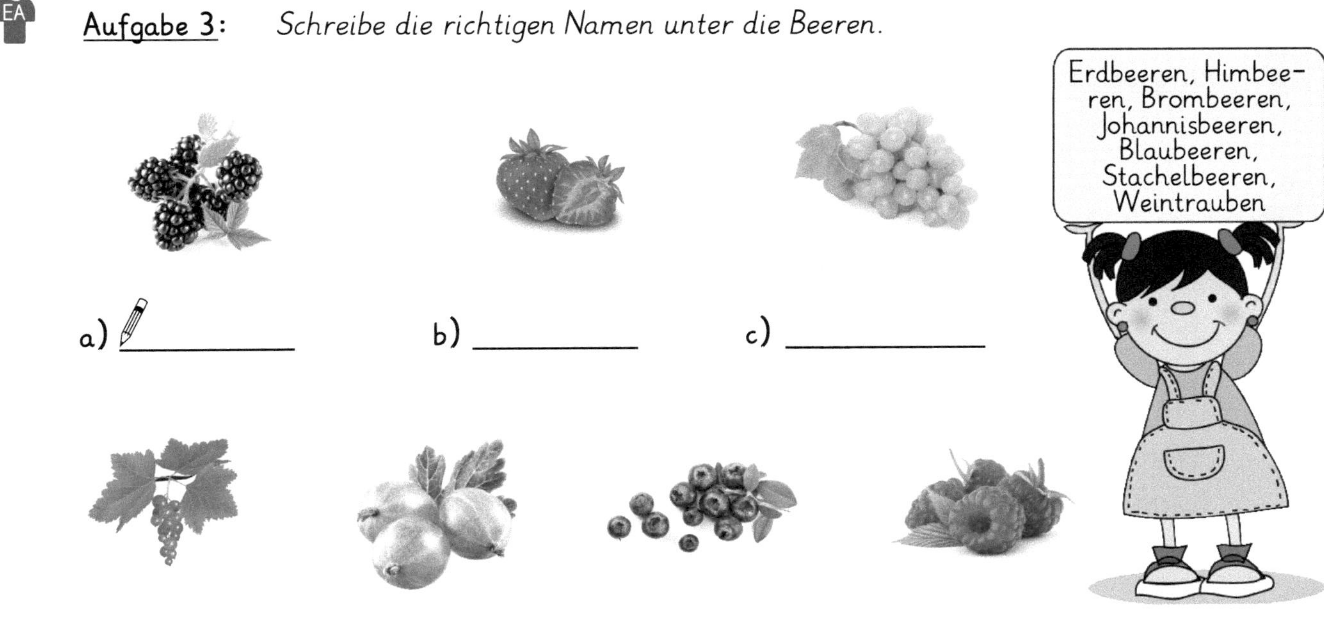

a) ____________ b) ____________ c) ____________

d) ____________ e) ____________ f) ____________ g) ____________

Max kennt Südfrüchte. Die wachsen aber nur in warmen Ländern, z. B. rund ums Mittelmeer, in Afrika oder Südamerika. Dazu gehören Bananen, Zitronen, Apfelsinen, Mandarinen, Clementinen, Ananas und Kiwi.

EA

Aufgabe 4: *Schreibe die richtigen Namen unter das Obst.*

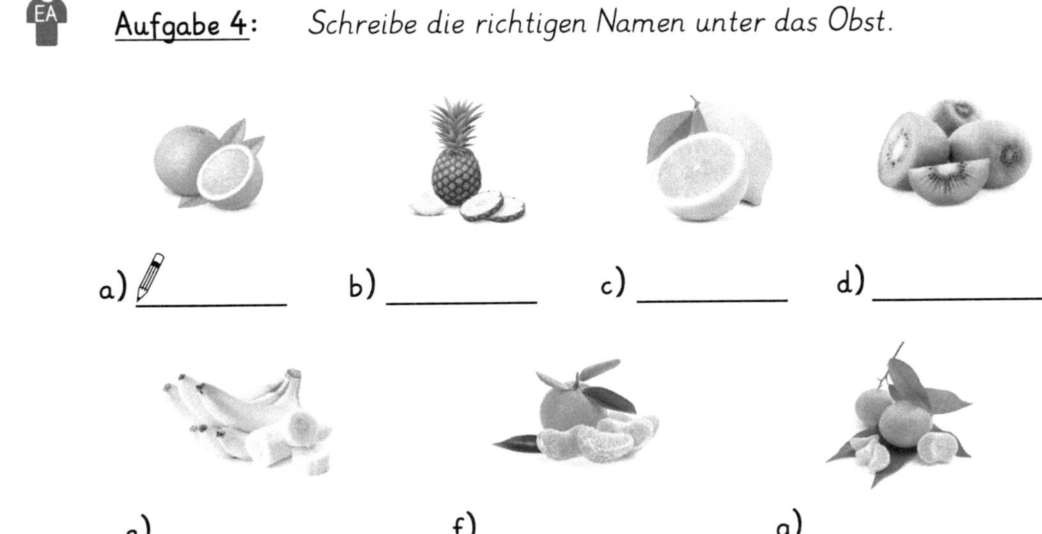

a) ____________ b) ____________ c) ____________ d) ____________

e) ____________ f) ____________ g) ____________

KOHL VERLAG Lernwerkstatt OBST & GEMÜSE Was ist gesund? – Bestell-Nr. 11 747

IV. Kernobst – Der Apfel

Der Apfel ist ein kleines Wunder – Vitamine, Mineralstoffe, Spurenelemente, Ballaststoffe – was er nicht alles enthält! Äpfel wachsen in Europa, Asien, Afrika, Amerika, Australien und Neuseeland. Deshalb können wir sie hier auch das ganze Jahr essen. In Deutschland findet die Apfelernte von Mitte Juli bis Oktober statt. Äpfel sind sehr gesund. Sie enthalten Mineralstoffe und Vitamine. Richtig gelagert, kann man Äpfel monatelang aufbewahren.

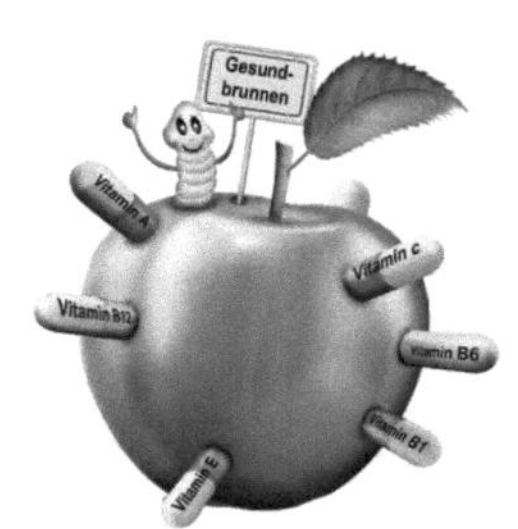

Aufgabe 1: *Ein Apfel am Tag erspart dir viel Plag – Was will dieser alte Spruch sagen? Schreibe in dein Heft/Ordner.*

Aufgabe 2: *Setze die folgenden Wörter richtig in den Lückentext ein.*

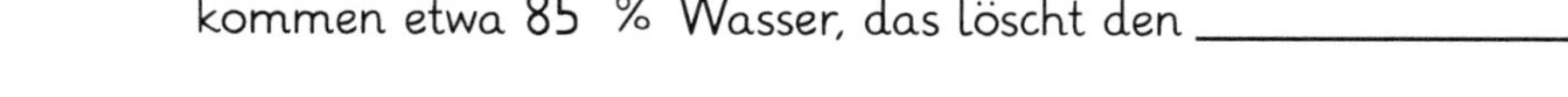

Energie - Mineralstoffe - Verdauung - Durst - Muskeln - Vitamin

Ein Apfel enthält ________________ C. Das stärkt Widerstandskraft des Körpers. Er enthält ________________, vor allem Kalium, das für Nerven und ________________ wichtig ist. Frucht- und Traubenzucker liefern ________________. Äpfel enthalten Pektin. Das ist ein Ballaststoff, der für die ________________ gut ist. Dazu kommen etwa 85 % Wasser, das löscht den ________________!

Aufgabe 3: *Apfelquer- und Längsschnitt – Versuch.*

Je zwei Schüler arbeiten zusammen. Jeder hat einen Apfel. Jeder hat dieses Blatt. Der eine Schüler schneidet seinen Apfel quer, der andere längs durch. Betrachtet die Äpfel genau. Schneidet dann die Bilder unten aus. Klebt die Äpfel richtig zusammen. Schreibt darüber: Längsschnitt oder Querschnitt. Beschriftet die einzelnen Teile: Schale, Fruchtfleisch, Kerngehäuse, Blatt, Stängel, Blütenrest.

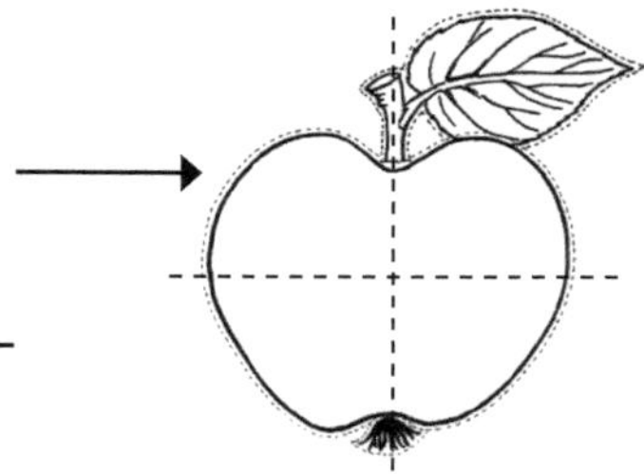

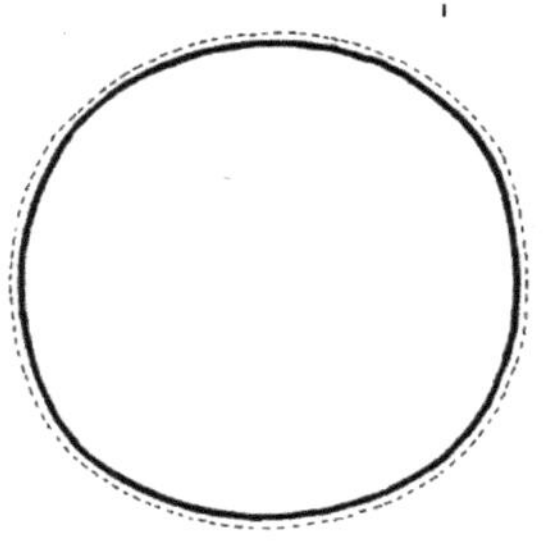

Aufgabe 4: *Bringt jeder einen Apfel mit in die Schule. Schneidet ihn in kleine Stücke. Probiert verschiedene Apfelsorten.*

- *Wie schmecken sie?*
- *Welche Äpfel isst du am liebsten?*
- *Wie schmeckt dein Lieblingsapfel?*

KOHL VERLAG Lernwerkstatt OBST & GEMÜSE
Was ist gesund? – Bestell-Nr. 11 747

Aufgabe 5: Aus einem Apfel kann man viele Dinge machen.
Schneide die Bilder aus und klebe sie passend zu den Dingen.

Apfelkuchen		Apfelsaft	
Apfelwein		Bratäpfel	
Apfeltee		Apfelmus	
Apfelessig		Apfelgelee	
Apfelpfannkuchen		Apfelschorle	

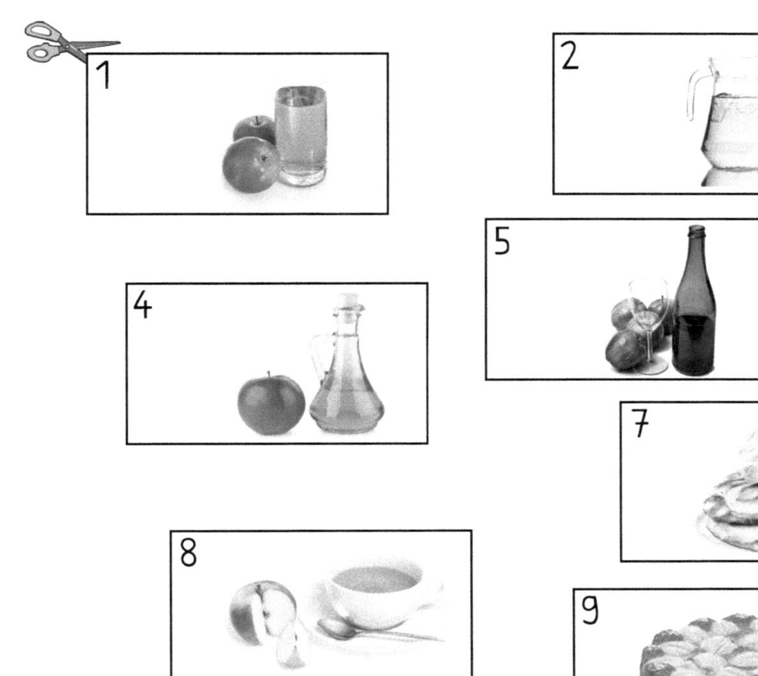

KOHL VERLAG Lernwerkstatt OBST & GEMÜSE Was ist gesund? – Bestell-Nr. 11 747

IV. Kernobst – Der Apfel

In einem kleinen Apfel

Aufgabe 6: *Male zu den 3 Strophen passende Bilder in dein Heft/Ordner.*

Deutsches Volksgut

2. In jedem Stübchen wohnen
zwei Kernchen schwarz und fein,
die liegen drin und träumen
vom lieben Sonnenschein.

3. Sie träumen auch noch weiter
gar einen schönen Traum,
wie sie einst werden hängen
am lieben Weihnachtsbaum.

Aufgabe 7: *Male den Apfelbaum farbig aus. Wie viele Äpfel hängen am Baum?*

IV. Die Verwandten des Apfels

Der Apfelbaum gehört zur Familie der Rosengewächse. Aber auch viele andere Obstsorten gehören dazu, z. B. Birnen, Himbeeren, Kirschen, Erdbeeren und Pfirsiche. Zum Kernobst zählen auch Quitten und Vogelbeeren.

Aufgabe 8: *Schreibe die Namen unter die Obstsorten.*

____

____

Die Birne

Es gibt viele, viele Birnensorten. Sie wachsen in Europa, Südamerika, Australien und Südafrika. Ihr Geschmack reicht von zart-würzig bis zuckersüß. Birnenzeit in Deutschland ist von August bis Oktober. Birnen wachsen auf Bäumen und werden im Herbst reif. Die Früchte haben einen dicken Bauch und eine grün-gelbe Schale, manche sind auch ein wenig rot. Innen sieht die Birne ähnlich aus wie der Apfel: Im Kerngehäuse liegen die braunen Kerne, die Schale umgibt das Fruchtfleisch, oben sieht man noch den Stängel und unten den Rest der Blüte.

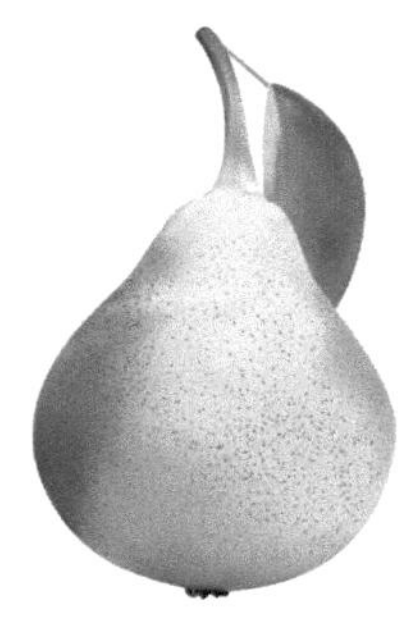

Aufgabe 9: *Schreibe diese Namen an die richtigen Stellen.*

Kern
Stängel
Fruchtfleisch
Schale
Blütenrest
Kerngehäuse
Blatt

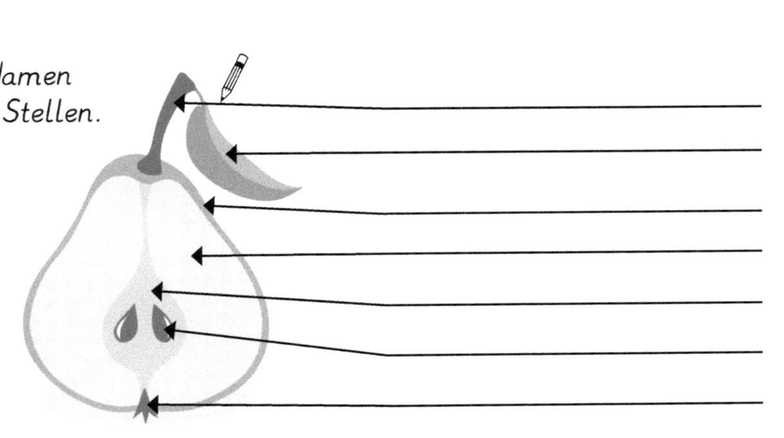

KOHL VERLAG Lernwerkstatt OBST & GEMÜSE Was ist gesund? – Bestell-Nr. 11 747

IV. Die Verwandten des Apfels

Spannenlanger Hansel, nudeldicke Dirn

(Autoren unbekannt)

Lauf doch nicht so närrisch, spannenlanger Hans.
Ich verlier' die Birnen und die Schuh' noch ganz.
Trägst ja nur die kleinen, nudeldicke Dirn,
und ich schlepp' den schweren Sack mit den großen Birn'.

Aufgabe 10: *Apfel- und Birnenpuzzle. Schneide die Apfel- und Birnenhälften aus. Setze sie richtig zusammen. Wie viele Äpfel und Birnen erhältst du?*

V. Steinobst

Pfirsich – Pflaume – Zwetschge – Mirabelle – Nektarine – Aprikose – Kirschen

Pfirsiche

Der Pfirsich stammt aus China. Heute wird er meist in Italien und Griechenland angebaut. Von Juni bis September finden wir ihn im Laden und er schmeckt dann richtig gut. Seine Schale ist leicht samtig, gelb oder rot. Das Fruchtfleisch ist süß, saftig und gelb. Pfirsiche haben viele Vitamin- und Mineralstoffe.

Pflaumen, Zwetschgen und Mirabellen

Pflaumen wachsen fast überall auf der Welt. Sie schmecken saftig und süß-würzig. Von Juli bis Oktober hängen die Pflaumenbäume bei uns voll. Am Sonntag gibt es leckeren Pflaumenkuchen. Zu den bekannten Pflaumensorten gehören auch Zwetschgen und die kleinen, gelben Mirabellen. Zwetschgen sind etwas kleiner und eher eiförmig. Pflaumen versorgen unseren Körper mit vielen Vitaminen und Mineralstoffen.

Nektarinen

Der Vater könnte ein Pfirsich sein und die Mutter eine Pflaume – oder auch umgekehrt. So genau weiß niemand, wie die Nektarine entstanden ist. Wenn von Juni bis September die Haupterntezeit in Italien, Spanien, Südafrika, Chile und USA beginnt, haben wir Nektarinenzeit. Die glatte gelbe Haut mit kleinen roten Bäckchen und das süße, saftige, gelbe Fruchtfleisch sind richtig lecker. Nektarinen enthalten vor allem die Mineralstoffe Eisen, Kalium, Magnesium und Phosphor.

Aprikosen

Aprikosen mit ihrer samtweichen Schale stammen aus China. Heute werden sie vor allem am Mittelmeer und in Kalifornien angebaut. Die leckersten Aprikosen bekommt man im Juli und August. Man kann sie roh essen oder daraus Marmelade kochen.

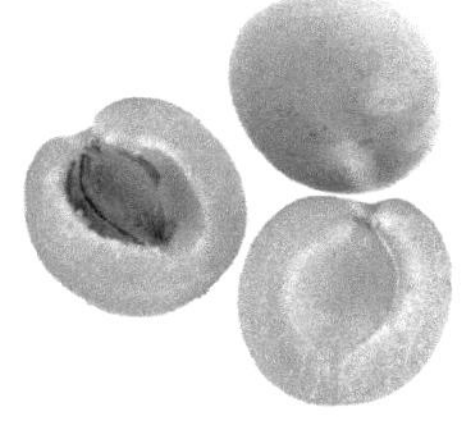

Kirschen

Es gibt süße und saure Sorten. Von Juni bis August ist Kirschenzeit, dann hängen die Zweige der Kirschbäume voll und warten darauf gepflückt zu werden. Auch Amseln und Stare freuen sich auf die roten Früchte und picken ganz schön was weg. Kirschen haben viel Kalzium, Eisen, Kalium und Magnesium. und die Vitamine A und E sowie einige B-Vitamine.

KOHL VERLAG Lernwerkstatt OBST & GEMÜSE Was ist gesund? – Bestell-Nr. 11 747

V. Steinobst

Aufgabe 1: *In welchen Monaten schmecken die Früchte besonders gut? Wann ist ihre Erntezeit? Male die passenden Kästchen rot aus.*

Obst	Juni	Juli	August	September	Oktober
Aprikose					
Nektarine					
Pfirsich					
Pflaume					
Kirsche					
Mirabelle					

Aufgabe 2: *Löse das Rätsel.*

1. Er kommt meist aus Italien oder Griechenland.
2. Davon gibt es süße und saure.
3. Eine Mischung von Pflaume und Pfirsich ist die ...
4. Sie wächst am Mittelmeer oder in Kalifornien ...
5. Sie wächst überall und es gibt leckeren Kuchen ...
6. Eine kleine, gelbe Verwandte der Pflaume ist die ...
7. Eine blaue Verwandte der Pflaume ist die ...

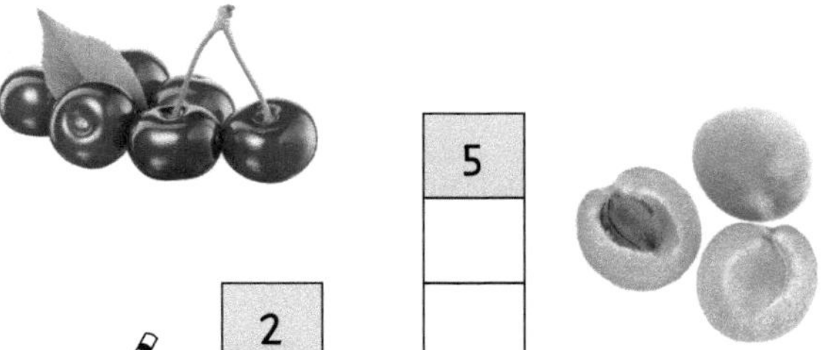

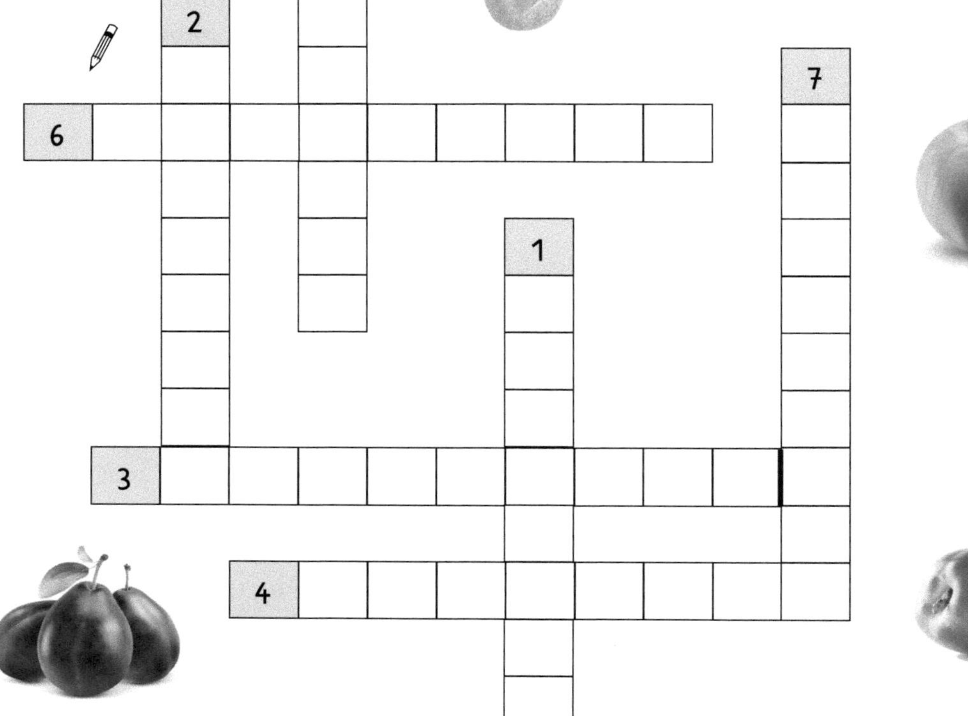

Aufgabe 3: *Schreibe die Namen zu den Obstarten in dein Heft/Ordner.*

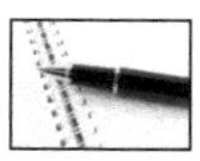

Lernwerkstatt OBST & GEMÜSE
Was ist gesund? – Bestell-Nr. 11 747

VI. Beerenobst

Erdbeeren

Die heutige Erdbeere stammt von der Walderdbeere ab. Das rote Früchtchen ist eine Züchtung aus vielen verschiedenen Wilderdbeeren. Bei uns ist von Juni bis Juli Erdbeerzeit, da kommen die Früchte frisch vom Feld. Vielerorts kann man die Früchte selbst pflücken. Auch wenn die Erdbeere ein sehr gesundes Obst ist, gibt es Menschen, die nach dem Essen von Erdbeeren einen Hautausschlag bekommen.

<u>Aufgabe 1</u>: ***Die Erdbeere und die Schnecke*** *– mit verteilten Rollen lesen:*

Die kleine, noch grüne Erdbeere wirft ihre letzten weißen Blütenblätter ab. Da kriecht ganz langsam eine dicke Schnecke heran.

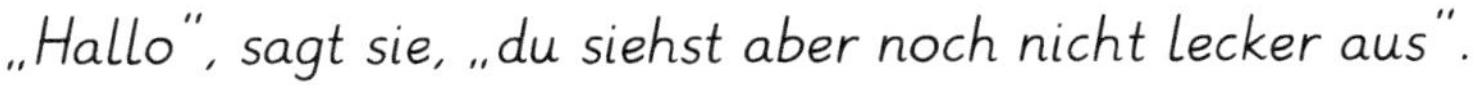

„Hallo", sagt sie, „du siehst aber noch nicht lecker aus".

„Bin ich auch nicht", erwidert die kleine grüne Erdbeere.

Wenige Tage später erscheint die dicke Schnecke wieder. Die kleine grüne Erdbeere ist gewachsen und hat schon einige rote Stellen.

„Du", sagt die Schnecke, „bist aber immer noch keine süße Beere".

„Ich bin überhaupt keine Beere", entgegnet die grün-rote Erdbeere böse, „ich bin eine Nuss!"

„Haha!", lacht die Schnecke und verschwindet langsam.

Endlich ist die kleine Erdbeere groß und rot geworden. Die Schnecke kommt wieder.

„Nun siehst du lecker aus", sagt sie und streckt ihre Zunge aus.

„Nein!", ruft die dicke, rote Erdbeere entsetzt.

Da erscheint eine kleine Hand und zupft sie vorsichtig ab.

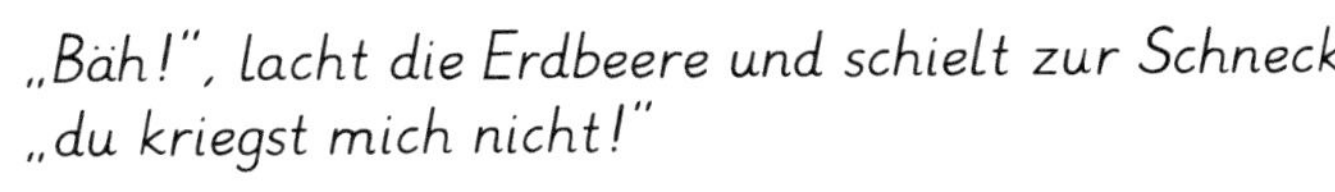

„Bäh!", lacht die Erdbeere und schielt zur Schnecke, „du kriegst mich nicht!"

Zufrieden liegt sie dann in einem Körbchen mit vielen anderen roten Erdbeeren und wartet darauf, den Menschen eine Freude zu machen.

<u>Aufgabe 2</u>: *Ist die Erdbeere wirklich eine Nuss? Was meint ihr? Forscht nach.*

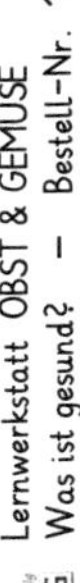
Lernwerkstatt OBST & GEMÜSE
Was ist gesund? – Bestell-Nr. 11 747
KOHL VERLAG

VI. Beerenobst

Brombeeren

Von August bis Oktober können wir die Beeren, die aus vielen kleinen Steinfrüchtchen bestehen, am Waldrand und im Garten sammeln. Sie sind bis zu 3 cm groß und dunkelrot bis schwarzviolett gefärbt. Brombeeren sind sehr saftig und die kleinen Beeren zerplatzen schnell. Ihr Geschmack ist süßsäuerlich. Brombeeren haben Dornen, man muss beim Pflücken achtgeben.

Himbeeren

Himbeeren sehen ähnlich aus wie Brombeeren, sind aber rot. Auch sind ihre Stängel oder Ranken bei weitem nicht so lang wie Brombeerranken. Himbeeren enthalten neben anderen wichtigen Vitaminen viel Vitamin E. Im Sommer können wir sie von Juni bis September in Wäldern und Gärten finden. Wenn man den Saft der Himbeeren mit Zucker einkocht, erhält man Himbeersirup, der schmeckt als Getränk mit Wasser verdünnt oder als Soße zu Joghurt, Eis und Pudding. Wenn du die Himbeeren gepflückt hast, sind sie innen hohl.

Achtung!

Auf den niedrig wachsenden Brom- und Himbeeren könnten sich Eier des Fuchsbandwurms befinden. Sie können eine schwere Lebererkrankung auslösen. Verbreitet werden die Bandwurmeier über den Kot von Füchsen, die sich in der Nähe der Brombeer- oder Himbeersträucher aufhalten. Nur die oberen Beeren pflücken und gut waschen oder die Beeren erhitzen. Dies gilt auch für andere Früchte wie z. B. Walderdbeeren oder Blaubeeren.

Heidelbeeren oder Blaubeeren

Heidelbeeren können so groß wie eine kleine Erbse oder wie eine Murmel sein. Die Farbe reicht von blau bis violett-schwarz. Jede Beere ist zum Schutz in einen weißen, staubigen Schimmer eingehüllt. In den Beeren stecken die Vitamine A, E und C. Heidelbeeren reifen bei uns im Sommer. Bereits im April gibt es Heidelbeeren aus Südeuropa zu kaufen. Aus Ländern der Südhalbkugel kommen sie im Winter. Heidelbeeren färben beim Essen Zunge und Zähne rot bis blau. Sie schmecken im Joghurt und im Müsli oder als Heidelbeerpfannkuchen.

Johannisbeeren

Von Mitte Juni bis August hängen die Johannisbeersträucher in den Gärten voll mit Trauben von roten oder schwarzen oder weißen Johannisbeeren. Sie schmecken säuerlich. Als Johannisbeersaft oder als Gelee aufs Brot schmecken die Beeren entschieden besser.

VI. Beerenobst

Stachelbeeren

Zwischen Mitte Juni und August reifen die Stachelbeeren am Strauch oder Bäumchen heran. Die Beeren sind nicht stachelig, nur der Strauch kann beim Ernten ganz schön pieksen. Stachelbeeren sind je nach Sorte kirschgroß, kugelig oder eiförmig, rot oder grün. Die feste Schale umhüllt das helle Fruchtfleisch und die vielen kleinen Kerne in ihrem Inneren. Der Geschmack der einzelnen Sorten ist unterschiedlich: rote Stachelbeeren können süß sein, während die grünen eher sauer sind.

Weintrauben

Die meisten Weintrauben werden für Wein angebaut. Trauben wachsen an Weinstöcken mit Reben, die Ernte nennt man Weinlese. Einige Trauben werden zu Trockenfrüchten, den Rosinen, verarbeitet. Im September und Oktober werden Trauben aus Italien, Griechenland, Spanien und Frankreich besonders günstig angeboten. Ob rote, blaue oder grüne Trauben – vor dem Kauf sollte man die Trauben probieren, denn nicht alle schmecken wirklich gut. Für den Transport werden sie früh gepflückt, reifen aber nicht nach. So werden auch saure Trauben angeboten. Weintrauben liefern unserem Körper schnell den energiereichen Traubenzucker. Sie sind aber auch reich an Vitaminen und Mineralstoffen.

Aufgabe 3: *Male die Früchte in den richtigen Farben an. Denke daran, dass es manche Früchte in mehreren Farben gibt.*

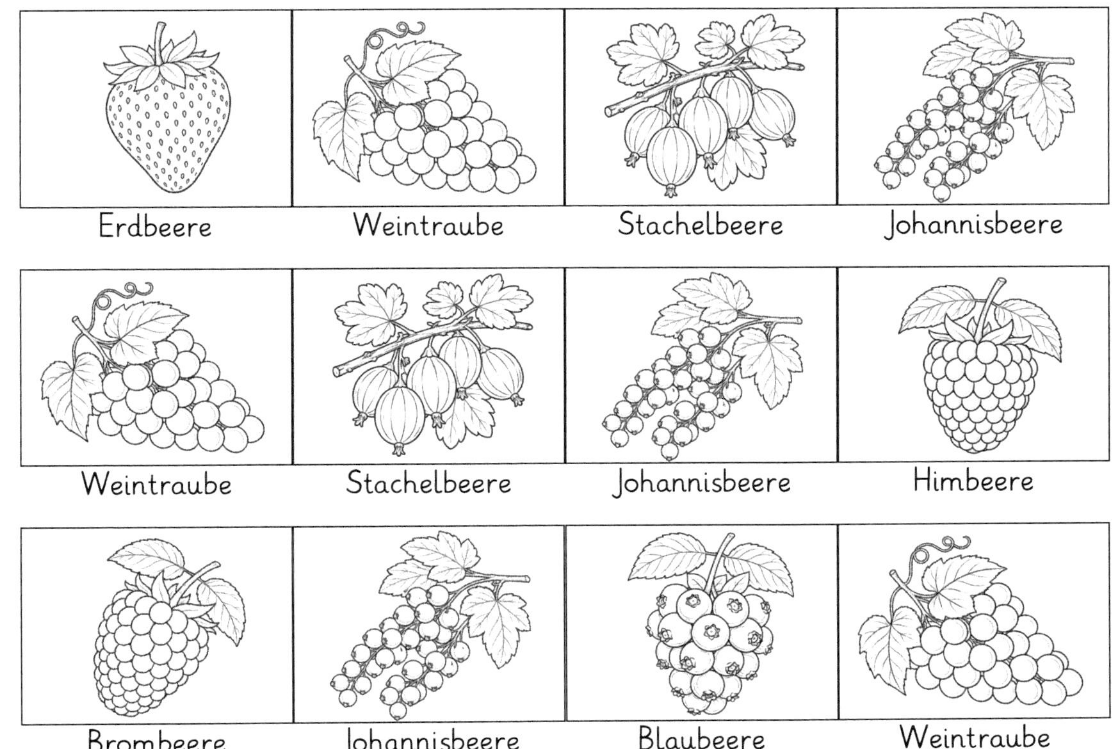

KOHL VERLAG Lernwerkstatt OBST & GEMÜSE Was ist gesund? – Bestell-Nr. 11 747

VI. Beerenobst

Aufgabe 4: *Bilde mit den folgenden Wörtern „Beerenwörter".*

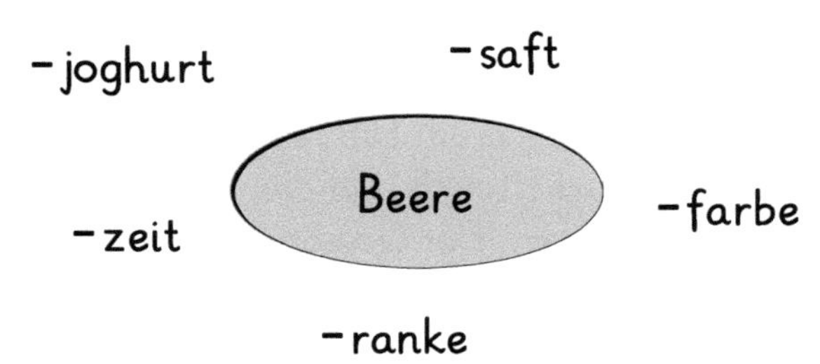

Aufgabe 5: *Bilde zusammengesetzte Nomen. Was passt zu welchen Beeren? Notiere unter den Bildern.*

-ranke, - blüte, -strauch, -bäumchen, - busch, -pflanze, -rebe

 ____________ ____________ ____________ ____________

____________ ____________ ____________

Aufgabe 6:

Nicht nur die dicke Schnecke, sondern auch die Raupe Emma möchte von den süßen Beeren futtern. Wie kommt sie nur dorthin? Zeichne ihren Weg ein.

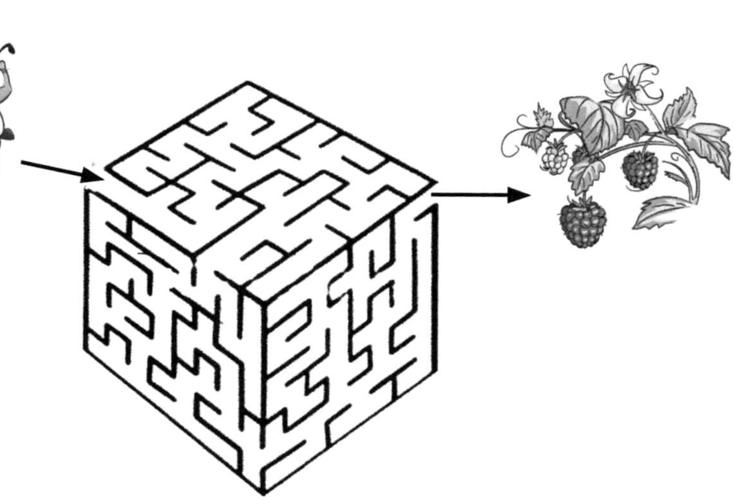

KOHL VERLAG Lernwerkstatt OBST & GEMÜSE Was ist gesund? – Bestell-Nr. 11 747

VII. Zitrusfrüchte

Apfelsinen – Mandarinen – Clementinen – Grapefruit – Zitronen – Limetten

Apfelsinen – Orangen

Die Orange oder auch Apfelsine wurde schon vor 3500 Jahren in China angebaut. Heute wächst sie in allen warmen und sonnigen Ländern dieser Erde, nur unser Klima mag sie nicht. Meistens finden wir auf unseren Märkten die Navelorange und die herbe Blutorange. Die Hauptsaison für diese Früchte dauert von November bis März. Mit vielen verschiedenen Mineralstoffen und Vitaminen hält uns die Orange in den Wintermonaten richtig fit und gesund.

Aber:

Zitrusfrüchte werden nach der Ernte meist mit Konservierungsmitteln und Wachs behandelt. Oft finden sich auch noch Pflanzenschutzmittel-Rückstände auf einer Frucht. Da hilft nur: Die Früchte mit warmem Wasser waschen und kräftig abrubbeln, so lässt sich ein Großteil entfernen. Nach dem Schälen die Hände waschen. Es gibt aber auch unbehandelte Früchte, das steht dann auf dem Schild im Laden.

Mandarinen und Clementinen

Auch die Mandarine kommt aus China. Sie wird dort bereits seit einigen tausend Jahren angebaut. Ihren Namen hat sie von den hohen chinesischen Staatsbeamten, die Mandarin genannt werden, erhalten.
Die Clementine ist am Mittelmeer entstanden. Sie wurde im Garten des Mönchs Frère Clément entdeckt. Die Clementine verträgt mehr Kälte als die Mandarine und kann daher auch in Südeuropa noch angebaut werden. Von Oktober bis Februar gibt es sie bei uns zu kaufen.
Beide Früchte sind kleiner als die Orange. Beide haben sie eine orangefarbene Schale. Wird die Schale entfernt, kommt eine weiße Hülle zum Vorschein. Sie schmeckt leicht bitter. So wird sie meist mühevoll entfernt, obwohl die gesündesten Stoffe der Frucht gerade in dieser Haut enthalten sind! Im Gegensatz zur Mandarine sind die meisten Clementinen kernlos und dazu noch ein wenig süßer. Die Früchte enthalten viele Vitamine aus der Gruppe B, Vitamin A und natürlich C.

Aufgabe 1: *Beantworte folgende Fragen in vollständigen Sätzen.*

a) Was sollst du unbedingt machen, bevor du Apfelsinen, Clementinen oder überhaupt Zitrusfrüchte isst?
b) Wo wächst die Orange heute überall?
c) Wie erhielt die Mandarine ihren Namen?
d) Nach wem ist die Clementine benannt?
e) Was trinken viele Leute gerne?

KOHL VERLAG Lernwerkstatt OBST & GEMÜSE Was ist gesund? – Bestell-Nr. 11 747

VII. Zitrusfrüchte

Zitronen

Die Zitrone als älteste aller Zitrusfrüchte kommt aus Südostasien. Mittlerweile wächst sie rund ums Mittelmeer, in Afrika und auch in den warmen Gegenden Amerikas.
Früher litten vor allem Seeleute, die monatelang unterwegs waren, unter Vitamin-C-Mangel. Sie wurden krank und schwach, ihre Zähne fielen aus, sie bekamen Fieber. Man nannte die Krankheit Skorbut. Dann fand man vor gut 200 Jahren heraus, dass Zitrusfrüchte mit ihrem Vitamin C da halfen. Nun gab es auf dem Schiff neben Trockenfleisch und Zwieback auch Zitronen.
Zitronen haben viel Vitamin C. Wird der Saft jedoch erhitzt – in Tee oder als heiße Zitrone – verringert sich der Gehalt.

Aufgabe 2: *Welche Zitrone erzählt was? Über welche Aussagen freut sich die Zitrone, über welche nicht? Schreibe die Sätze zu den Zitronenmännchen auf.*

1. Vitamin C ist ganz wichtig für unsere Abwehrkräfte.
2. Früher behauptete man, Zitronen hätten am allermeisten Vitamin C.
3. Unser Vitamin C geht beim Erhitzen verloren.
4. Nun sagt man, schwarze Johannisbeeren hätten noch viel mehr Vitamin C.
5. Aber trotzdem: Zitronen sind gesund.

Aufgabe 3: *Ergänze die folgenden Bilderreihen.*

Lernwerkstatt OBST & GEMÜSE
Was ist gesund? – Bestell-Nr. 11 747
KOHL VERLAG

VIII. Südfrüchte

Bananen

Bananen lieben die Sonne. Daher wachsen sie in Afrika und in warmen Gebieten Amerikas und Asiens. Sie werden noch grün geerntet und reifen auf dem Weg zu uns nach. Nun werden sie gelb und süß. Diese Süße gibt uns schnell neue Energie.

Die Bananen, die man bei uns kaufen kann, sind Obstbananen. Es gibt aber auch Kochbananen, die für die Menschen in Afrika ein sehr wichtiges Nahrungsmittel sind. Bananen sind gesund und leicht verdaulich, sie enthalten viele B-Vitamine und die Mineralstoffe Kalium und Magnesium.

Warum ist die Banane krumm? Der Fruchtstand ist schwer und wächst nach unten. Die einzelnen Früchte aber wachsen der Sonne entgegen, also nach oben. Deshalb ist die Banane krumm (nicht weil die Affen daran schaukeln).

Ananas

Die große Frucht kommt aus Mittel- oder Südamerika und einigen afrikanischen Ländern. Ist die Ananas reif, duftet sie gut und ihre Schale gibt auf Fingerdruck nach. Um an das süße Fruchtfleisch heranzukommen, muss man den Blattschopf und den Fruchtboden abschneiden. Anschließend wird die Ananas geviertelt, der harte Strunk in der Mitte herausgeschnitten und die Schale abgeschnitten.

Kiwi

Mittlerweile wächst die haarige Frucht mit dem grünen Fruchtfleisch auch in Italien und anderen Teilen Europas. Aber die meisten Kiwis kommen aus Neuseeland auf unseren Markt. Unreife Kiwis sind hart, reife Kiwis sind weich. Die kann man halbieren und auslöffeln. Sie schmecken süß-säuerlich. Der Vitamin-C-Gehalt einer Kiwi ist fast doppelt so hoch wie der einer Zitrone.

Aufgabe 1: *Duftreise Obst.*

Ihr braucht:

5-6 kleine, saubere, gleiche, undurchsichtige Joghurtbecher, Alufolie, 6 Gummiringe, einen Filzstift zum Beschriften der Becher, 5-6 verschiedene Obstsorten, z.B. Apfel, Banane, Erdbeere, Ananas, Orange …

So geht es:

Die Obstarten nummerieren und die Zahlen unter dem Becher notieren. Die Joghurtbecher mit je einer Obstsorte (in kleinen Stücken) füllen. Alufolie drüber decken und mit dem Gummiring befestigen. In die Folie vorsichtig ein paar Löcher piken.

Schnuppertest:

Nun riecht ihr der Reihe nach an den verschiedenen Früchten. Schreibt auf, welche Zahl zu welcher Frucht gehört. Vergleicht, wenn alle geschnuppert haben. Wer hat die beste Nase und kennt sich aus? Welches Obst duftete am besten für euch?

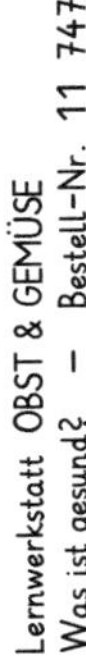

Die Obst-Tester

Aufgabe 2: *Jede Gruppe (3-5 Schüler) erhält das gleiche Obst, z. B. einige Erdbeeren, Weintrauben oder eine Banane, einen Apfel oder eine Kiwi.*

Testet das Obst und markiert die passenden Wiewörter (Adjektive).

Name: Apfel – Pflaume – Orange – Aprikose – Mandarine – Banane – Erdbeere – Kiwi – Birne – Pfirsich – Weintraube – Kirsche – Nektarine

Farbe: gelb – grün – rot – orange – braun – violett – rosa – blau – weiß – braun – schwarz

Kern: braun – rund – oval – glatt – rau – klein – groß – hart – weich – einer – viele

Fruchtfleisch: saftig – grob – fein – knackig – mehlig – hart – feucht – klebrig – holzig – trocken

Geschmack: süß – bitter – sauer – bitter – scharf – salzig – unreif – faulig

Aufgabe 3: *Erstellt zu eurem Obst einen Steckbrief.*

Zeichnet das Obst in den Kasten. Beschreibt dann:

So heißt es: ____________________

So sieht es aus: ____________________

So sind die Kerne: ____________________

So ist das Fruchtfleisch: ____________________

So fühlt es sich an: ____________________

So schmeckt es: ____________________

KOHL VERLAG Lernwerkstatt OBST & GEMÜSE Was ist gesund? – Bestell-Nr. 11 747

IX. Unser Gemüse

Wir unterscheiden 6 verschiedene Gruppen von Gemüsen, die bei uns wachsen:

Blattgemüse – Kohlgemüse – Stängelgemüse – Fruchtgemüse – Zwiebelgemüse – Wurzelgemüse

Blattgemüse

Salat aus Blattsalaten

Dazu gehören der Gartensalat (Kopfsalat), Eisbergsalat, Pflücksalat, Feldsalat, Radicchio und einige andere. Ob gepflückt oder geschnitten, frische Blattsalate enthalten viele Vitamine und Mineralstoffe. In den Sommermonaten ist das Angebot besonders groß, da wächst der Salat im Freiland statt im Gewächshaus und ist noch leckerer.

Spinat

Spinat ist eine Pflanze des Orients. Zwar hat man mittlerweile herausgefunden, dass sein Gehalt an Eisen nicht so hoch ist wie früher angenommen, aber alle anderen Inhaltsstoffe machen ihn trotzdem zu einem gesunden Gemüse.

Spinat

Aufgabe 1: *Finde die verschiedenen Blattgemüse im Buchstabengitter. Die übrigen Buchstaben geben dir einen guten Rat.*

K	O	P	F	S	A	L	A	T	S	A	L	A	T	S
O	L	L	T	P	F	L	Ü	C	K	S	A	L	A	T
E	M	A	E	I	S	B	E	R	G	S	A	L	A	T
N	O	F	T	N	E	S	S	E	N	E	R	H	A	T
V	I	E	R	A	D	I	C	C	H	I	O	L	E	V
I	T	A	M	T	I	N	E	U	N	D	I	S	T	G
F	E	L	D	S	A	L	A	T	E	S	U	N	D	☺

KOHL VERLAG Lernen mit Erfolg
Lernwerkstatt OBST & GEMÜSE
Was ist gesund? – Bestell-Nr. 11 747

X. Kohlgemüse

Aufgabe 1: *Kennt ihr euch aus? Notiert zu jedem Kohlgemüse die richtige Zahl. Auf der nächsten Seite geht es weiter …*

1 Blumenkohl

Vor etwa 400 Jahren züchteten die Italiener den heutigen Blumenkohl. Blumenkohl kommt heute aus Deutschland, den Niederlanden, Belgien, Frankreich oder Italien. Seit einigen Jahren gibt es eine weitere Blumenkohlsorte: den **Romanesco**. Er hat ein feines Aroma und sieht aus wie ein kleiner Tannenbaum.

2 Kohlrabi

Es gibt Kohlrabi mit grüner und mit violetter Schale. Im Mai kommt der Kohlrabi frisch von den Feldern. Dann schmeckt er besonders lecker. Die Blätter kann man mitessen. Sie enthalten viel pflanzliches Eiweiß. In der Knolle stecken außerdem viele wichtige Mineralstoffe wie Kalzium und Kalium und die A-, B-, C-Vitamine.

3 Grünkohl

Erst nach dem ersten Frost bekommt der Grünkohl seinen guten Geschmack. Von Oktober bis in den März stammt er aus Deutschland. Zusammen mit Kartoffeln und Mettwürsten ergibt der Grünkohl ein kräftiges Essen für kalte Wintertage, das uns mit viel Eiweiß und Vitamin C versorgt. In Norddeutschland heißt das Gericht „Grünkohl mit Pinkel."

4 Chinakohl

Sein Name verrät seine Herkunft: China. Dort wird er der „Zahn des weißen Drachen" genannt. Das liegt wohl an seiner Form. Er wird bis zu einem Kilogramm schwer. Mal als Salat zubereitet, mal gedünstet, geschmort oder überbacken – der Drachenzahn schmeckt mild, steckt voller Ballaststoffe und enthält viele Vitamine.

5 Brokkoli

Als Verwandter des Blumenkohls hatte der grüne Kohl schon vor vielen Jahrhunderten seine Fans. Seine Stiele schmecken leicht nach Spargel. So wurde er auch Spargelkohl genannt.
Brokkoli wächst in Deutschland, Italien und Frankreich. So steht uns das Gemüse das ganze Jahr mit den Vitaminen A, B und C zur Verfügung.

6 Rosenkohl

Der kleinste Kohl wird auch Brüsseler Kohl genannt, denn in Belgien wurde er vor etwa 200 Jahren gezüchtet. Hauptsächlich wird er heute in den Niederlanden angebaut. Von Dezember bis März ist Erntezeit. Erst nach dem Frost werden die kleinen, runden Kohle schmackhafter. Rosenkohl ist ein gesundes Wintergemüse.

KOHL VERLAG Lernwerkstatt OBST & GEMÜSE Was ist gesund? – Bestell-Nr. 11 747

X. Kohlgemüse

7 Wirsing

Dieses Kohlgemüse schmeckt milder als Weißkohl. Er steckt voller Mineralstoffe und ist reich an Vitamin C. Auf unseren heimischen Feldern wird er überwiegend von Mai bis August angebaut. Mit Lieferungen aus Italien und Frankreich wird das ganzjährige Angebot ergänzt.

8 Weißkohl oder Weißkraut

Weißkohl gibt es in frühen, mittleren und späten Sorten. So können wir ihn von Juli bis November frisch kaufen. Als Rohkost, Eintopf, Krautstrudel oder Kohlroulade wird der Weißkohl gerne gegessen. Alle Kohlsorten sind für empfindliche Menschen schwer verdaulich.

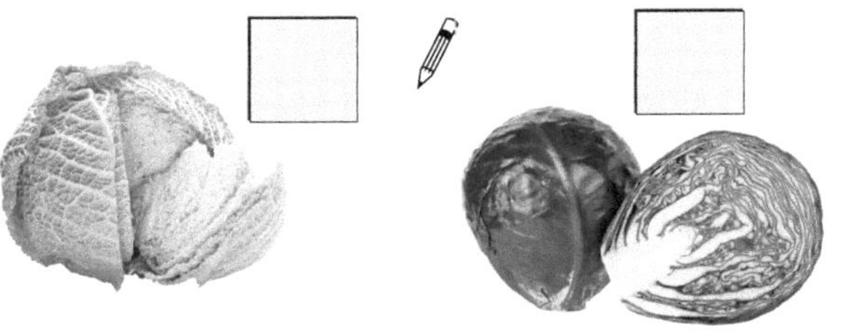

9 Rotkohl, Rotkraut oder Blaukraut?

Die Farbe des Kohls ist weder blau noch rot, sondern violett. Ist der Ackerboden sauer, erhält der Kohl eine rot-violette Farbe, sonst werden die Kohlblätter blau-violett. Rotkohl wird in ganz Europa angebaut und ist das ganze Jahr erhältlich. Einen frischen Rotkohl erkennt man an seinen festen, glänzenden Blättern. Ein Kohl kann bis zu 2 kg schwer werden.

10 Aus Weißkohl wird Sauerkraut

Viele dicke, große Kohlköpfe werden fein gehobelt und mit Salz vermengt. In einem luftdicht verschlossenen Gefäß wandeln nun die Milchsäurebakterien den Traubenzucker im Kohl in Säure um. So erhält das Kraut seinen sauren Geschmack. Natürlich braucht es dafür einige Zeit, das geht nicht von heute auf morgen.

__Aufgabe 2__: *Setze die 10 Kohlarten (nicht das Sauerkraut!) so ins Gitter ein, dass sich das Lösungswort ergibt. Die Anfangsbuchstaben sind zur Hilfe vorgegeben.*

__Vorsicht__: Es gibt mehrere Kohlarten, die mit dem gleichen Buchstaben beginnen!

ß = SS

KOHL VERLAG Lernen mit Erfolg
Lernwerkstatt OBST & GEMÜSE Was ist gesund? – Bestell-Nr. 11 747

X. Kohlgemüse

Aufgabe 3: *Das Kohlexperiment* – ***Rotkohl oder Blaukraut?***

Das Gegenteil von sauer nennt man basisch oder alkalisch. Wenn ein Stoff – wie zum Beispiel Wasser – weder sauer noch basisch ist, wird er als neutral bezeichnet. Wie sauer ein Nahrungsmittel ist, können wir schmecken: z. B. ein Tropfen Essig ist sauer. Den Geschmack von basisch schmeckst du nur, wenn du ein wenig Back- oder Natronpulver probieren würdest: z. B. eine Mischung aus Wasser und Backpulver schmeckt bitter und seifig.

Ihr braucht: (pro Gruppe)

- 3-6 Blätter Rotkohl, nach Größe
- 2 Esslöffel Zitronensaft
- 6-7 Esslöffel Wasser
- Wasser zum Kochen der Rotkohlblätter
- 1 Teelöffel Essig
- 0,5 Teelöffel Backpulver
- 0,5 Teelöffel Waschmittel
- 5 Wassergläser
- Ess- und Teelöffel
- Küchenschere oder Messer
- Kochtopf
- Sieb
- Messbecher

So geht es:

- Schneidet die Rotkohlblätter in kleine Streifen.
- Gebt sie in den Kochtopf und gießt so viel Wasser dazu, bis der Rotkohl bedeckt ist.
- Anschließend muss der Rotkohl mindestens 20 Minuten bei mittlerer Hitze köcheln, damit der Saft gut wird.
- Den Saft gut abkühlen lassen
- In der Zeit könnt ihr eure Lösungen in den Gläsern vorbereiten.

Zitronensaft

Wasser mit Essig

Wasser

Wasser mit Backpulver

Wasser mit Waschmittel

- Dann gießt ihr den Saft durch das Sieb in den Messbecher.
- Jetzt gebt ihr in jedes Glas ein wenig von dem Rotkohlsaft. Was geschieht?

Male an:

A – der Kohl (das Kohlwasser) mit Essig oder Zitronensaft

B – der Kohl (das Kohlwasser) mit Backpulver und Waschmittel

A

B

KOHL VERLAG Lernwerkstatt OBST & GEMÜSE Was ist gesund? – Bestell-Nr. 11 747

XI. Stängelgemüse

Spargel

Die Königin der Gemüse – der Spargel – ist schon ganz schön teuer. Doch er schmeckt auch besonders lecker. Und er ist sehr gesund.

Die weißen oder grünen Stangen entschlacken unseren Körper (man riecht es beim Pipi machen). Gleichzeitig versorgen sie uns mit Kalzium, Eisen, Kalium, Natrium und den Vitaminen A, B und C.

Bei uns wird Spargel von Ende April bis zum 24. Juni geerntet, gestochen, wie man sagt. Ziemlich das ganze Jahr können wir Spargel aus Südamerika kaufen. Weißer Spargel wächst unter der Erde. Da er kein Sonnenlicht bekommt, kann er auch nicht grün werden. Grüner Spargel wächst über der Erde.

PA **Aufgabe 1:** *1 Kilogramm Spargel kostet bei uns zwischen 6 und 8 Euro. Ein Kilogramm Möhren bekommt man meist für etwa 1 Euro. Wie viele Kilogramm Möhren kannst für den Preis von 1 Kilogramm Spargel kaufen?*

Rhabarber

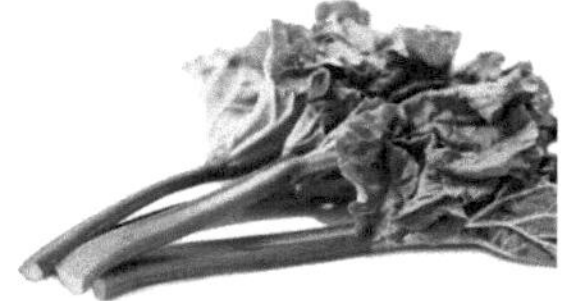

Rhabarberstangen schmecken ziemlich sauer. Sie werden z. B. mit Erdbeeren gemischt als Marmelade oder als Kuchenbelag gekocht. Die langen Stangen sind reich an Vitaminen und Mineralstoffen.

Staudensellerie

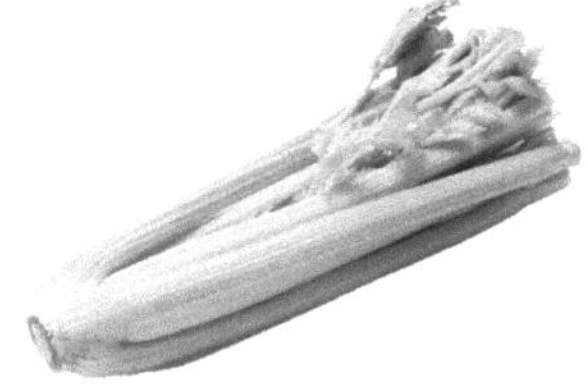

Im Gegensatz zum Knollensellerie hat der Stauden- oder Stangensellerie nur eine kleine Wurzelknolle.Dafür sind seine Blattstiele lang und fleischig und können auch mit einem Dip als Rohkost gegessen werden.

Die Kartoffel

Die Kartoffel ist kein Obst und zählt bei uns auch nicht zu den Gemüsen. Aber bei der täglichen Nahrung spielt sie eine große Rolle.

Auch die Kartoffel kam mit den Seefahrern aus Südamerika. Seit fast 300 Jahren wird sie in Deutschland angebaut. Während früher einfach die gelben Knollen gekocht und gegessen wurden, kennen wir heute eine lange Reihe von Kartoffelprodukten.

Aufgabe 2:

a) *Welche Kartoffelspeisen kennst du, die man fertig kaufen kann?*

b) *Beschreibe dein Kartoffel-Lieblingsgericht.*

c) *Es gibt ein bekanntes Kartoffel-Obst-Gericht, was „Himmel und Erde" genannt wird. Finde heraus, was das ist.*

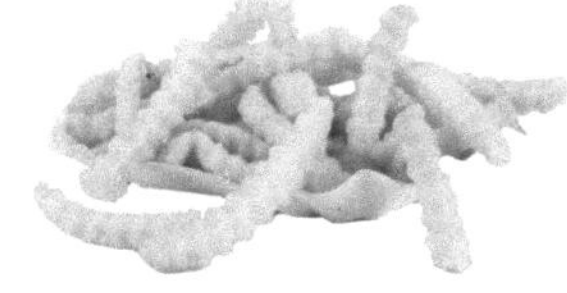

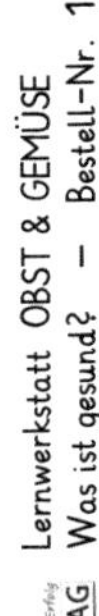

XII. Fruchtgemüse

Erbsen

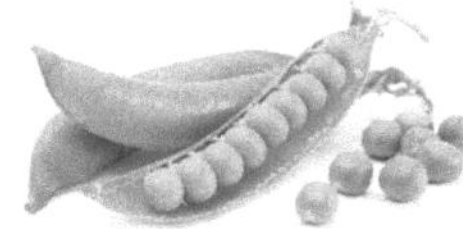

Eine Erbse lässt die Prinzessin nicht schlafen – kennt ihr das Märchen? Die Erbse wird bereits seit 10.000 Jahren angebaut.

Sie enthält neben verschiedenen Vitaminen auch hochwertiges, pflanzliches

Eiweiß. Es gibt zarte, süße Markerbsen, mehlig schmeckende Palerbsen oder Zuckererbsen bzw. Zuckerschoten. Von Juni bis August können wir einheimische Erbsen kaufen. Das ganze Jahr über können wir Trockenerbsen kaufen.

Bohnen

„Jedes Böhnchen gibt ein Tönchen!" Das „Tönchen" entsteht durch Gase, die beim Abbau der Ballaststoffe in der Bohne in unserem Darm entstehen. In Deutschland beginnt die Bohnenernte ab Mai. Bohnen haben einen sehr hohen Nährwert für uns, denn sie sind reich an Kalzium, Kalium, Magnesium, Phosphor, den Vitaminen A, B, C und E.

Achtung! *Rohe Bohnen enthalten ein Gift, das Phasin. Man sollte sie unbedingt kochen!*

Geheimnisvolle Geräusche – Ein lustiger Streich

Ihr braucht:

ein Glas oder eine Schale, einen großen Teller, Wasser, eine Tüte Trockenbohnen.

So geht es:

Füllt das Glas etwa zwei Zentimeter mit Wasser, gebt die Bohnen hinzu. Es ist wichtig, dass Glas oder Schale so voll wie möglich sind (fast bis zum Überlaufen).

Stellt nun das mit Bohnen und Wasser gefüllte Glas auf einen Teller. Alles gut verstecken, z. B. hinter dem Sofa.

Nach einigen Stunden beginnen die unteren Bohnen zu quellen. Damit werden die oberen aus dem Glas herausgedrückt. Die fallen dann auf den Teller und es gibt Geräusche, wie „klack, klick, klack, klack". Ihr wisst, woher die Geräusche kommen, die anderen werden an Mäuse oder Gespenster denken. Stellt ihr die Schale am frühen Nachmittag auf, wird am Abend, wenn es ruhig ist, das Klacken beginnen.

Mais

Seit über 6000 Jahren wird in Mexiko Mais angebaut. Nach Weizen und Reis ist er das drittwichtigste Getreide der Welt für Mensch und Tier. Aus Maiskeimen wird Öl gemacht, und aus Maiskörnern Cornflakes. Gemüsemais wird uns aus den USA und Südeuropa geliefert, denn auf unseren Feldern wächst meistens Futtermais.

Um Popcorn herzustellen, sollte man Puffmais kaufen. In einer großen Pfanne werden 3 bis 4 Esslöffel Öl erhitzt. Sobald es heiß ist, eine Hand voll Puffmaiskörner in die Pfanne geben. Sofort Deckel drauf, denn die Körner fangen ziemlich schnell an aufzuplatzen. Gut ist ein Glasdeckel, dann kann man beobachten, wie die Körner springen. Herdplatte ausschalten! Nach wenigen Minuten ist das Popcorn fertig und kann gezuckert, gesalzen oder mit Curry oder Paprika gewürzt werden.

XII. Fruchtgemüse

Gurken

Ob Schlangen-, Einlege- oder Schmorgurke, die Gurke stammt aus dem Himalaja, wo sie vor rund 4000 Jahren entdeckt wurde. Zwar wachsen die grünen Gurken auch bei uns, überwiegend werden sie uns aber aus den Niederlanden und Spanien geliefert. Mit ihrem hohen Gehalt an Kalium, anderen Mineralstoffen und Vitaminen sind Gurken sehr gesund.

Kürbis

Die orange gefärbten Kürbisse enthalten Karotin (wie auch Möhren), aus denen unser Körper das wichtige Vitamin A für Haut und Augen aufbauen kann. Karotine schützen aber auch unsere Zellen und beugen Krebs vor. Das enthaltene Vitamin B ist gut für Haut und Haare, Nerven und Konzentration. Die Kürbiskerne und das Kürbiskernöl werden gegen Blasenbeschwerden genutzt.

Paprika

In der Küche des Mittelmeers ist Paprika schon lange ein beliebtes Gemüse. So kommt Paprika meist aus Italien und Spanien. In niederländischen und deutschen Gewächshäusern gedeiht er aber auch. Es gibt mittlerweile viele Paprikasorten. Auch Chili und Peperoni gehören zur Paprika-Gesellschaft. Ob rund oder spitz – Paprika ist roh oder gedünstet ein sehr gesundes Gemüse mit sehr hohem Vitamin C-Gehalt.

Zucchini

Zucchini gehören zur Familie der Kürbisse. Erst in den letzten 20 Jahren wurden sie bei uns bekannt. Je kleiner und dünner die Zucchini, desto zarter das Fruchtfleisch. Der überwiegende Teil der Ernte stammt aus Italien und Spanien, aber auch in unseren Gärten gedeihen die Pflanzen prächtig. Es gibt viele verschiedene Zucchini: Gelbe, grüne, gestreifte, längliche, gurkenförmige und kleine runde.

Tomaten

Kirschtomate, Fleischtomate, gelbe Tomate oder runde Tomate – Tomaten sind die Helden unter den Gemüsesorten. Kaum eine Nudelsoße oder Pizza gibt es ohne Tomate, vom Ketchup ganz abgesehen. Auch Tomatensalat ist lecker.

Die Tomate versorgt uns mit vielen verschiedenen Vitaminen und Spurenelementen. Von Mai bis September können wir Tomaten aus Deutschland essen. Die meisten Tomaten liefern uns jedoch die Spanier, Italiener, Niederländer und Belgier.

XII. Fruchtgemüse

Aufgabe 1: a) *Schneide die Bilder unten aus. Füge die verschiedenen Hälften richtig zusammen. Welche Gemüsearten erhältst du?*

b) *Setze passend in das Gitter ein:*

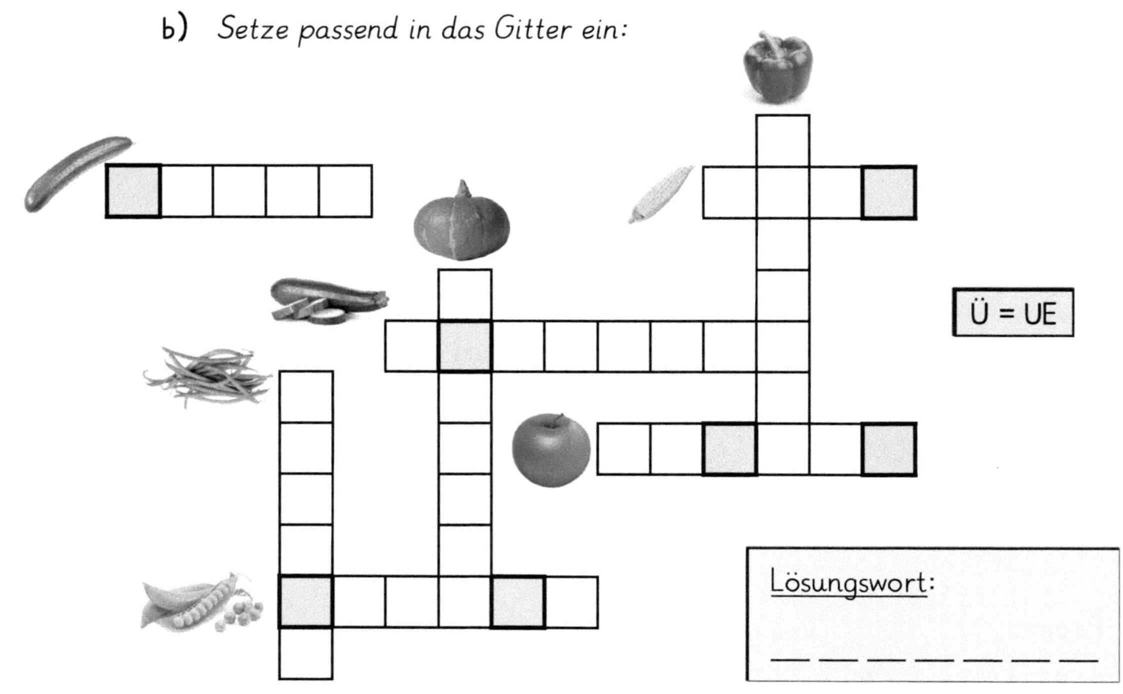

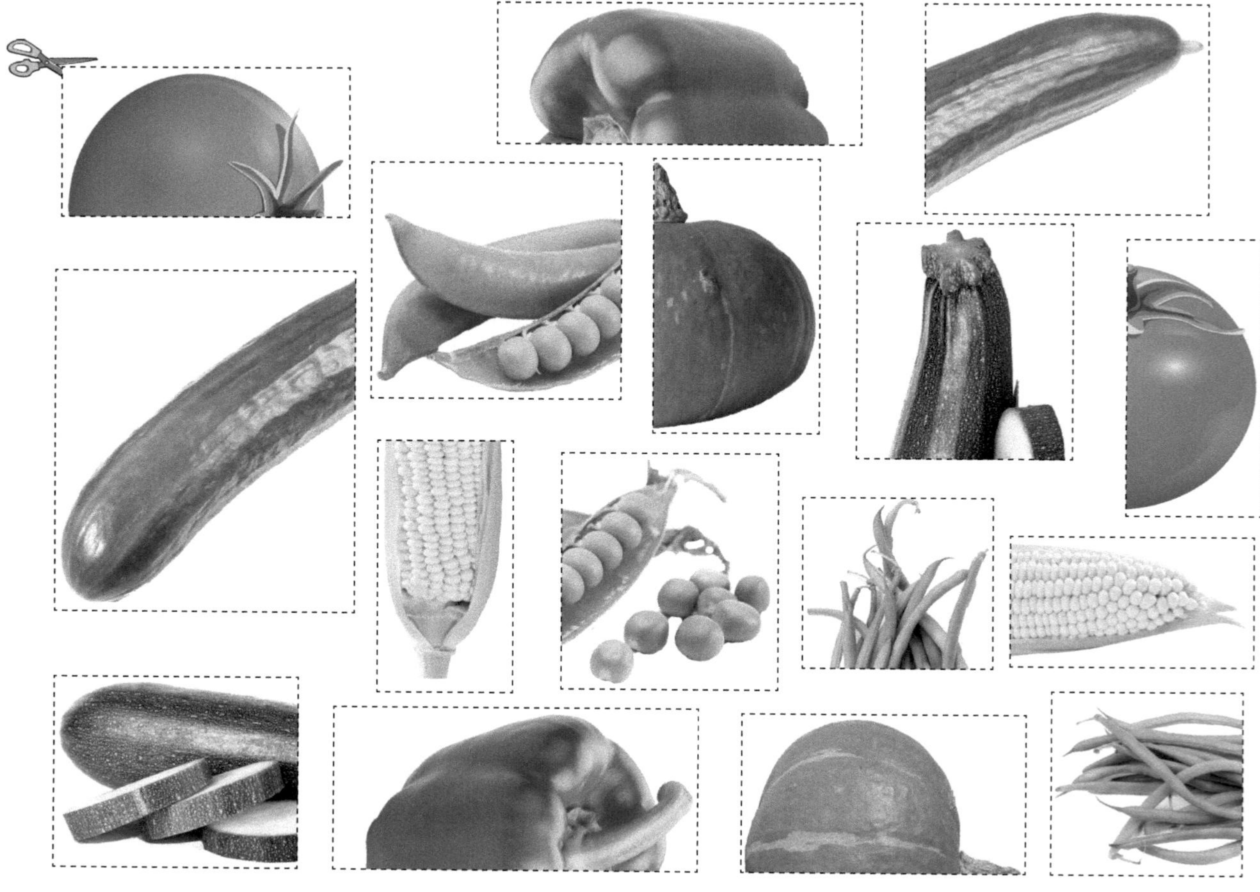

KOHL VERLAG
Lernwerkstatt OBST & GEMÜSE
Was ist gesund? – Bestell-Nr. 11 747

XIII. Zwiebelgemüse

Porree – Lauch

Er ist mit der Zwiebel und dem Knoblauch verwandt. Lauch hat einen süßlich-würzigen Geschmack. Er wächst bei uns, in Belgien, Frankreich, den Niederlanden und Italien. Je dünner eine Lauchstange, desto zarter ist das Gemüse. Porree ist reich an Mineralstoffen und den Vitaminen A, B, C und E.

Zwiebeln

Schon vor 5000 Jahren wurden Zwiebeln in Asien und im Mittelmeerraum angebaut. Sie galten als Stärkungsmittel. Wenn im Spätsommer die letzten Zwiebeln geerntet werden, sind diese bei richtiger Lagerung bis zum kommenden Frühjahr zu gebrauchen. Im Laufe der Zeit wurden viele neue Zwiebelsorten gezüchtet. Von der Haushaltszwiebel über rote Zwiebeln, Gemüsezwiebeln oder Schalotten – die Zwiebel ist ein sehr gesundes Gemüse.

Und warum müssen wir beim Zwiebelschneiden meist weinen? Sobald die Zwiebel aufgeschnitten wird, verbinden sich zwei Inhaltsstoffe miteinander. Dann steigt ein Gas auf, das unsere Tränendrüse reizt. Der Gehalt der beiden Stoffe schwankt jedoch von Sorte zu Sorte. So bringt uns nicht jede Zwiebel zum Weinen.

Lauch- oder Frühlingszwiebeln

Sie sehen dem Lauch oder Porree ziemlich ähnlich. Doch ihre „Blätter" sind Röhren, keine flachen Blätter wie beim Porree. Frühlingszwiebeln gibt es das ganze Jahr. Sie sind nicht so scharf wie Zwiebeln und schmecken gut im Salat oder im Quark.

Knoblauch

Knoblauch soll gegen Vampire helfen, doch die gibt es wohl nicht wirklich. Knoblauch liefert viele Vitamine, Mineralstoffe und Spurenelemente. Er ist sehr gesund und gibt vielen Gerichten einen besonderen Geschmack. Die Teile des Knoblauchs nennt man Zehen. Doch gegen seinen Duft hilft kaum etwas. Die alten Griechen nannten den Knoblauch „Stinkende Rose".

Aufgabe 1: *Hier ist wohl etwas durcheinandergeraten. Bilde aus den 5 Worten die 4 Zwiebelgemüse:*

Porbel • Knobbel • Frühlauch • Zwieree • zwielings

1. ____________________ 3. ____________________

2. ____________________ 4. ____________________

XIV. Wurzelgemüse

Karotten oder Möhren

Karotten oder Möhren kennen wir alle von klein auf. Wir essen Karotten das ganze Jahr in Suppen, als Eintopf, geschmort, gedünstet oder roh. Unser Körper wandelt das Karotin in Vitamin A um. Damit er es gut verwerten kann, sollen Möhren möglichst zusammen mit etwas Öl oder Butter gegessen werden. So bleiben unsere Augen, Haare, Haut und Zähne gesund. Möhren werden in fast jedem Gemüsegarten angebaut.

Radieschen

Seit dem 16. Jahrhundert wird das Radieschen in Europa angebaut. Der größte Teil stammt aus Deutschland. Auch von diesem Gemüse gibt es viele Sorten: rote, weiße, runde oder rübenartige Radieschen schaffen Abwechslung.

Knollen-Sellerie

Der Sellerie wird schon immer als Heilpflanze eingesetzt. Er regt den Stoffwechsel an und sein Mineralstoff Phosphor ist gut für die Nerven. Er wird in Deutschland ebenso angebaut wie in den Niederlanden, Belgien und Frankreich. Sellerie gibt jeder Suppe einen herzhaften Geschmack. Mit Porree, Möhren und Petersilie wird er auch als „Suppengemüse" bezeichnet.

Rote Bete

Die Rote Bete ist in ganz Europa verbreitet. Der hohe Gehalt von Eisen und eines B-Vitamins macht sie so gesund. Von der Roten Bete kann man nicht nur die Knolle essen, sondern auch die Blätter, die reich an Vitamin C sind. Rote Bete schmecken roh als Salat oder gekocht. Man sollte aber beim Verarbeiten Handschuhe tragen, denn der rote Saft färbt auch die Hände sehr kräftig und dauerhaft.

EA

Aufgabe 1: *Kennst du dich aus? Kreuze die richtige Antwort an.* ☒ Richtig

a) Wo wächst Wurzelgemüse?

☐ auf der Erde ☐ unter der Erde ☐ am Baum

b) Zum Wurzelgemüse zählen?

☐ Salat ☐ Weißkohl ☐ Möhren

c) Was bezeichnet man als Suppengemüse?

☐ Möhren und Sellerie ☐ Gurken und Paprika ☐ Zwiebeln und Salat

d) Kein Wurzelgemüse ist?

☐ Rote Bete ☐ Spinat ☐ Sellerie

Lernwerkstatt OBST & GEMÜSE Was ist gesund? – Bestell-Nr. 11 747
KOHL VERLAG

XV. Zusatzmaterial

Aufgabe 1: *Blatt-, Kohl-, Frucht-, Stängel-, Zwiebel-, Wurzelgemüse – dieses Gemüse wächst bei uns. Beim Obst unterscheiden wir Kern-, Stein- und Beerenobst. Finde zu jeder Gruppe ein oder zwei Vertreter.*

Blattgemüse
- ____________________
- ____________________

Kohlgemüse
- ____________________
- ____________________

Fruchtgemüse
- ____________________
- ____________________

Zwiebelgemüse
- ____________________
- ____________________

Stängelgemüse
- ____________________
- ____________________

Beerenobst
- ____________________
- ____________________

Steinobst
- ____________________
- ____________________

Kernnobst
- ____________________
- ____________________

KOHL VERLAG Lernwerkstatt OBST & GEMÜSE Was ist gesund? – Bestell-Nr. 11 747

XV. Zusatzmaterial

Schulfrühstück

Aufgabe 2: *In der Pause in der Schule essen fast alle Kinder ein zweites Frühstück. Kreuze an, wer deiner Meinung nach ein gesundes Frühstück verzehrt.*

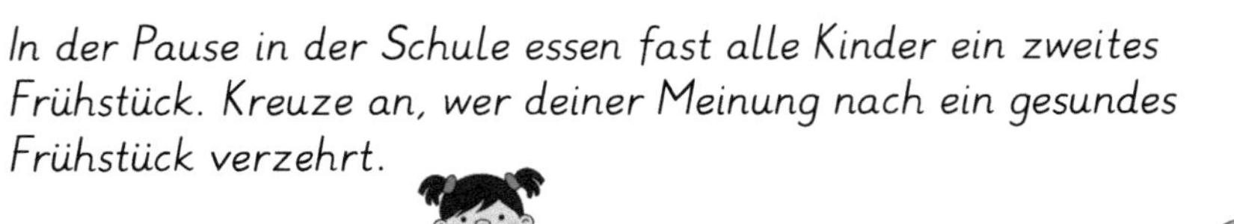

☐ Lotta isst ein Knäckebrot mit Käse, einen Apfel und trinkt dazu Apfelschorle.

☐ Marie isst ein Stück Kuchen, einige Bonbons und trinkt Kakao dazu.

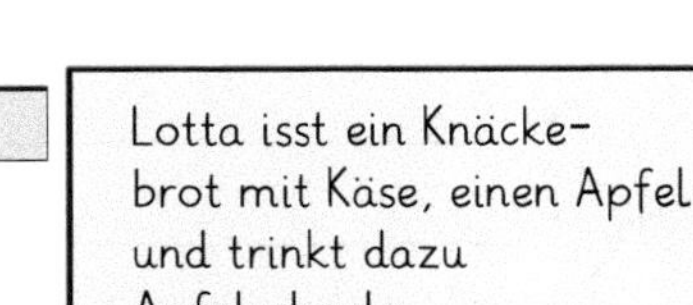

☐ Kai isst ein Brot mit Wurst, einen Schokoriegel und trinkt Limonade.

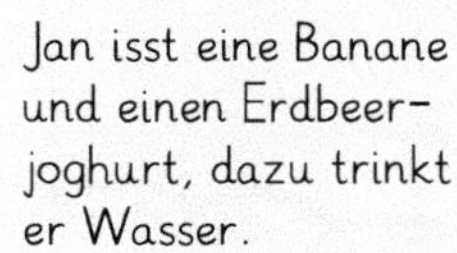

☐ Jan isst eine Banane und einen Erdbeerjoghurt, dazu trinkt er Wasser.

Aufgabe 3: *Wie sieht euer Schul-Frühstück aus? Notiert es auf einem Zettel.*

a) Ist euer Frühstück gesund?

b) Wenn nicht, macht Vorschläge, wie man es gesünder gestalten könnte.

Aufgabe 4: *Gesundes Frühstück in der Klasse*

Ihr braucht: (legt vorher fest, wer was mitbringt)

Schüsseln, Platte, Messer, Schälmesser, Bretter, Löffel, Servietten, (pro Schüler) etwa 100 g Gemüse oder Obst (z. B. Möhren, Kohlrabi, Paprika, Gurke, Tomate, Radieschen, Äpfel, Trauben, Erdbeeren, Orangen, Clementinen – alles je nach Jahreszeit). Auch ein Brötchen oder ein Scheibe Vollkornbrot passt gut dazu. Für die Dips eignen sich Frischkäse, Quark, Schmand und Kräuter.

So geht es:

Gemüse und Obst gründlich waschen und trocknen. Dann in Stücke schneiden und auf den Platten anrichten. Für die Dips jeweils Schmand, Quark oder Frischkäse mit Salz und Pfeffer würzen und verrühren. Mit Kräutern (Petersilie, Dill, Schnittlauch) verfeinern. Gegessen werden darf mit den Fingern. Und für besonders Kreative: Mit Obst und Gemüse kann man auch Gesichter auf einem Teller oder einer Scheibe Brot gestalten. Und alle darf man anschließend aufessen.

Ein lustiges Getränk: Der Kullerpfirsich

Ihr braucht:

1 mittelgroßer Pfirsich, Mineralwasser oder klarer Zitronensprudel (kalt)

So geht es:

1. Den Pfirsich von allen Seiten mit einer Gabel mehrmals einstechen, dann in ein großes Glas geben, wo er sich gut drehen kann. **2.** Das Mineralwasser über den Pfirsich gießen, bis dieser schwimmt und kullern kann. Der Pfirsich wird zum Schluss gegessen.

Tipp: *Statt Pfirsich schmeckt dies auch mit Nektarine. Hauptsache ist die Kohlensäure im Wasser, denn dadurch dreht sich der Pfirsich.*

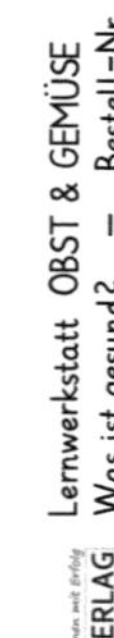

XV. Zusatzmaterial

Rezepte

Aufgabe 5: *Gemüsesuppe für kalte Wintertage.*

Ihr braucht:

- Viele verschiedene Gemüsesorten (z. B. Möhren, Sellerie, Lauch, Blumenkohl, Brokkoli, Wirsing, Zwiebeln, Bohnen, Erbsen, Mais ...)
- 2 große Töpfe, Löffel zum Rühren
- Zutaten für 5-6 Schüler: (pro Schüler benötigt man ca. 100-125 g Gemüse) 600 g Gemüse, 40 g Fett, 2 Brühwürfel, 2 l Wasser, Salz, Pfeffer, gehackte Petersilie, eventuell Maggi zum Abschmecken

So geht es:

- Gemüse waschen, putzen und in Würfel schneiden (Blumenkohl in Röschen zerteilen).
- Fett in großem Topf erhitzen. Gemüse dazugeben, kurz anbraten.
- Mit Wasser aufgießen und Brühwürfel zugeben.
- Gemüse gar kochen (ca. 15-20 Minuten) und mit Gewürzen abschmecken.
- gehackte Petersilie überstreuen und genießen. Guten Appetit!

Aufgabe 6: *Obstsalat für warme Sommertage.*

Ihr braucht:

Obst: Äpfel, Birnen, Bananen, Weintrauben, Kiwi, Ananas, Orangen ... pro Schüler etwa 100-150 g. Damit das Obst nicht braun wird: eine Mischung aus Zitronensaft und Honig. 2 große Schüsseln, Bretter, Messer, Schälchen und Löffel.

So geht es:

Dieses Rezept müsst ihr erst in die richtige Reihenfolge bringen, da stimmt etwas nicht!

- Wir trocknen das gewaschene Obst sorgfältig ab.
- Über Äpfel und Birnen gießen wir Zitronensaft verrühren alles gut.
- So wird das Obst nicht braun.
- Die Äpfel und Birnen vierteln wir und schneiden sie dann in kleine Stücke.
- Wir geben noch einen Löffel Honig in den Salat, wenn er uns zu sauer ist.
- Zuerst waschen wir das Obst gründlich unter fließendem Wasser.
- Bananen, Kiwis und Orangen schälen wir und schneiden sie in Scheiben oder kleine Stücke.
- Zum Schluss teilen wir den Obstsalat in kleine Schüsseln auf und lassen ihn uns schmecken.
- Nun geben wir die Stücke in eine große Schüssel.
- Danach zupfen wir die Trauben ab und mischen sie unter.

Aufgabe 7: *Das Ratespiel für Obst- und Gemüse-Fachleute. Ein Schüler darf sich eine Obst- oder Gemüsesorte ausdenken und muss sie dann den andere beschreiben, ohne das Wort (den Namen) zu nennen.* ***Tipp:*** *Sucht nach passenden Adjektiven/Wie-Wörtern (z. B.: Es ist grün).*

Aufgabe 8: *Feinschmecker gesucht ... Verbinde deinem Partner die Augen und lasse ihn je ein Stück Obst und Gemüse probieren. Was schmeckt er? Weiß er, welches Obst oder Gemüse er probiert hat? Danach bist du an der Reihe. Beschreibt, wie es geschmeckt hat (süß, sauer, salzig, bitter).*

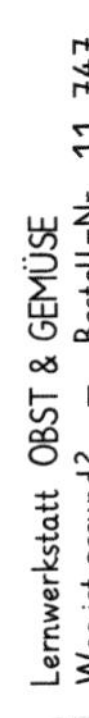

ABC-Spiel

Aufgabe 9: Für dieses Spiel für 3–4 Mitspieler benötigt ihr Spielfiguren und Würfel. Der jüngste Spieler beginnt zu würfeln und rückt so viele Felder vor, wie der Würfel anzeigt. Wenn er auf ein Buchstabenfeld kommt, muss er mit dem Buchstaben ein Obst oder Gemüse nennen. Kann er eins sagen, darf er noch ein Feld vorrücken. Fällt ihm keins ein, muss er ein Feld zurück. Kommt jemand auf ein Zahlenfeld; darf er entsprechend der Angabe viele Felder vorrücken oder muss zurück gehen. Wer zuerst im Ziel ist, hat gewonnen.

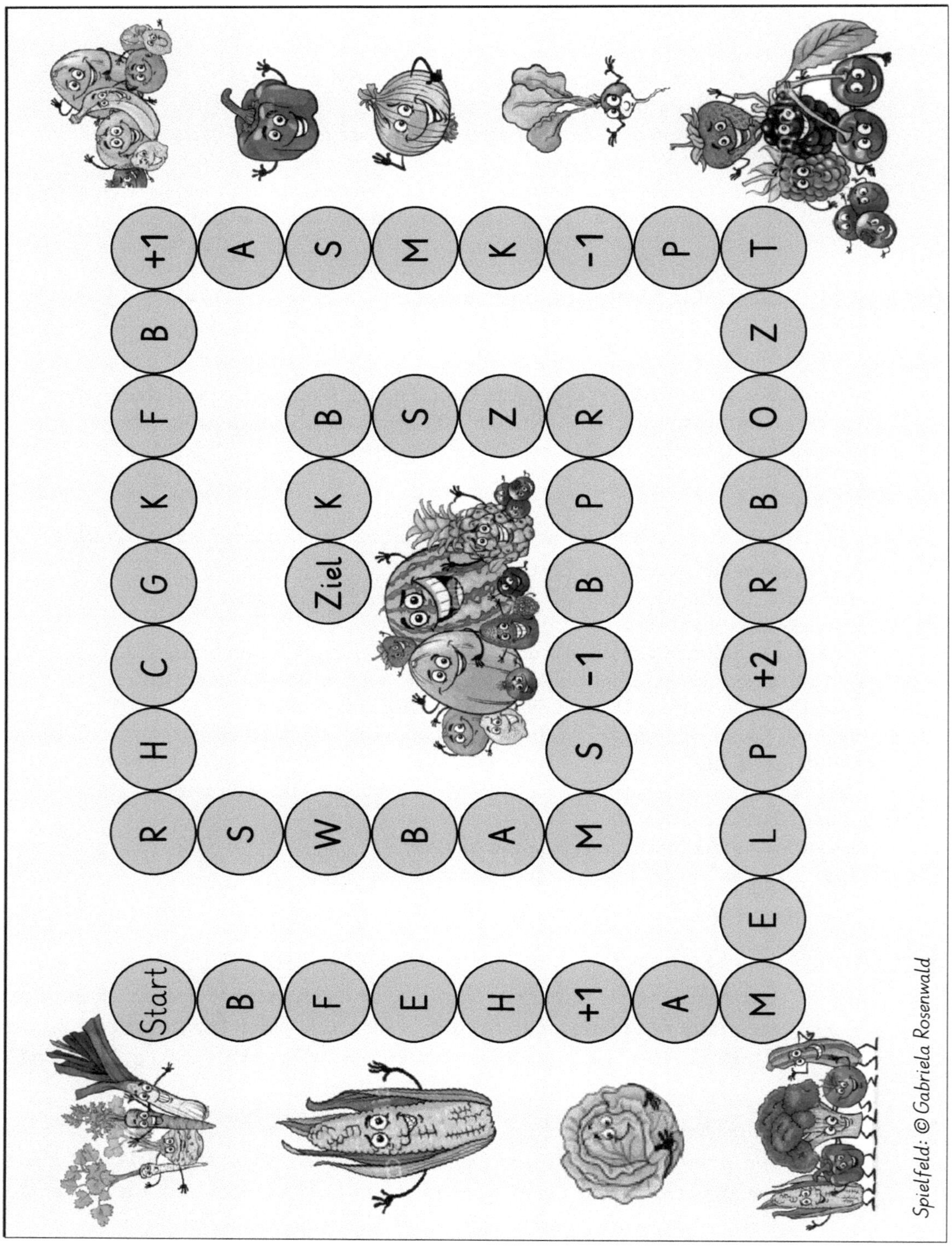

Start – B – F – E – H – +1 – A – M – E – L – P – +2 – R – B – O – Z – T – P – -1 – K – M – S – A – +1 – B – F – K – G – C – H – R – S – W – B – A – M – S – -1 – B – P – R – Z – S – B – K – Ziel

Spielfeld: © Gabriela Rosenwald

KOHL VERLAG Lernwerkstatt OBST & GEMÜSE Was ist gesund? – Bestell-Nr. 11 747

XV. Zusatzmaterial

Quartett für 3 bis 5 Spieler – Obst und Gemüse

Die Kärtchen werden kopiert (evtl. doppelt so groß?) und laminiert. Dann werden sie ausgeschnitten. Die Schüler können mit allen Karten spielen oder auch nur mit den Obst- oder Gemüsebildern. Wird nur Obst-Quartett gespielt, sollten nur 3 Schüler zusammen spielen.

Und nun geht's los:

- Die Karten werden gemischt und gleichmäßig an alle Mitspieler verteilt.
- Der jüngste Spieler darf beginnen.
- Er schaut in seine Karten, von welcher Familie er schon Karten hat und fängt an zu sammeln. Er fragt dann zum Beispiel einen anderen Spieler: „Hast du die Paprika? Die gehören zur Familie der Fruchtgemüse."
- Wenn dieser Spieler die Karte hat, muss er sie abgeben. Der Fragende darf dann weitersammeln. Wenn die gewünschte Karte nicht vorhanden war, darf nun der Nächste fragen. Es geht im Uhrzeigersinn weiter.
- Das Spiel ist zu Ende, wenn alle Quartette zusammengesucht sind. Wer die meisten Quartette gesammelt hat, ist der Sieger.

Blattgemüse	**Blattgemüse**	**Blattgemüse**	**Blattgemüse**
Kopfsalat Spinat Eisbergsalat Feldsalat	Kopfsalat **Spinat** Eisbergsalat Feldsalat	Kopfsalat Spinat **Eisbergsalat** Feldsalat	Kopfsalat Spinat Eisbergsalat **Feldsalat**
Kohlgemüse	**Kohlgemüse**	**Kohlgemüse**	**Kohlgemüse**
Brokkoli Blumenkohl Kohlrabi Rotkohl	Brokkoli **Blumenkohl** Kohlrabi Rotkohl	Brokkoli Blumenkohl **Kohlrabi** Rotkohl	Brokkoli Blumenkohl Kohlrabi **Rotkohl**
Stängelgemüse	**Stängelgemüse**	**Stängelgemüse**	**Stängelgemüse**
Weißer Spargel Rhabarber Stangensellerie Grüner Spargel	Weißer Spargel **Rhabarber** Stangensellerie Grüner Spargel	Weißer Spargel Rhabarber **Stangensellerie** Grüner Spargel	Weißer Spargel Rhabarber Stangensellerie **Grüner Spargel**

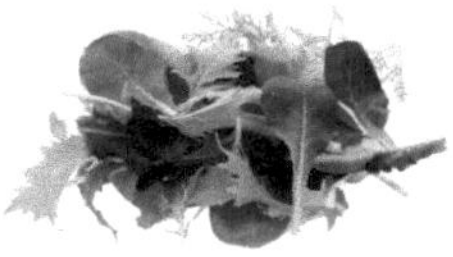

KOHL VERLAG
Lernwerkstatt OBST & GEMÜSE
Was ist gesund? – Bestell-Nr. 11 747

XV. Zusatzmaterial

Fruchtgemüse  **Tomate** Gurke Paprika Kürbis	Fruchtgemüse  Tomate **Gurke** Paprika Kürbis	Fruchtgemüse  Tomate Gurke **Paprika** Kürbis	Fruchtgemüse  Tomate Gurke Paprika **Kürbis**
Zwiebelgemüse  **Zwiebel** Lauch/Porree Knoblauch Lauchzwiebel	Zwiebelgemüse  Zwiebel **Lauch/Porree** Knoblauch Lauchzwiebel	Zwiebelgemüse  Zwiebel Lauch/Porree **Knoblauch** Lauchzwiebel	Zwiebelgemüse  Zwiebel Lauch/Porree Knoblauch **Lauchzwiebel**
Wurzelgemüse  **Möhre/Karotte** Knollensellerie Rote Bete Radieschen	Wurzelgemüse  Möhre/Karotte **Knollensellerie** Rote Bete Radieschen	Wurzelgemüse  Möhre/Karotte Knollensellerie **Rote Bete** Radieschen	Wurzelgemüse  Möhre/Karotte Knollensellerie Rote Bete **Radieschen**
Kernobst  **Apfel** Birne Quitte Vogelbeere	Kernobst  Apfel **Birne** Quitte Vogelbeere	Kernobst  Apfel Birne **Quitte** Vogelbeere	Kernobst  Apfel Birne Quitte **Vogelbeere**

XVI. Lösungen

Kapitel XV

Aufgabe 1:

Blattgemüse: Kopfsalat, Spinat, Eisbergsalat
Kohlgemüse: Blumenkohl, Rotkohl, Chinakohl
Zwiebelgemüse: Zwiebel, Knoblauch, Frühlingszwiebel, Lauch
Fruchtgemüse: Mais, Gurke, Tomate, Paprika
Stängelgemüse: Spargel, Staudensellerie, Rhabarber
Beerenobst: Himbeeren, Brombeeren, Erdbeeren
Steinobst: Kirschen, Aprikosen, Pfirsiche
Kernobst: Äpfel, Birnen, Quitten

Aufgabe 2: Ein gesundes Frühstück essen Lotta und Jan.

Aufgabe 3–5: Individuelle Lösungen.

Aufgabe 6:

Richtige Reihenfolge:

- Zuerst waschen wir das Obst gründlich unter fließendem Wasser.
- Wir trocknen das gewaschene Obst sorgfältig ab.
- Die Äpfel und Birnen vierteln wir und schneiden sie dann in kleine Stücke.
- Nun geben wir die Stücke in eine große Schüssel.
- Über Äpfel und Birnen gießen wir Zitronensaft verrühren alles gut.
- So wird das Obst nicht braun.
- Bananen, Kiwis und Orangen schälen wir und schneiden sie in Scheiben oder kleine Stücke.
- Danach zupfen wir die Trauben ab und mischen sie unter.
- Wir geben noch einen Löffel Honig in den Salat, wenn er uns zu sauer ist.
- Zum Schluss teilen wir den Obstsalat in kleine Schüsseln auf und lassen ihn uns schmecken.

Aufgabe 9:

A	Apfel, Aprikose, Apfelsine, Ananas
B	Birne, Banane, Brombeere, Blaubeere, Bohnen, Brokkoli, Blumenkohl
C	Clementine, Chinakohl
E	Erdbeere, Eissalat, Erbsen
F	Fenchel, Frühlingszwiebeln, Feldsalat
G	Grapefruit, Gurke
H	Heidelbeere, Himbeere
J	Johannisbeere
K	Kirsche, Kohlrabi, Karotten, Kopfsalat, Kürbis, Knoblauch, Kohl
L	Lauch, Limette
M	Mirabelle, Möhren, Melone, Mandarine, Mango
O	Orange
P	Pfirsich, Pflaume, Porree, Pampelmuse, Paprika
R	Radieschen, Rosenkohl, Rotkohl, Rukola
S	Stachelbeere, Spargel, Sellerie, Staudensellerie
T	Tomate
W	Weintraube, Wirsing, Weißkohl
Z	Zwiebel, Zucchini, Zitrone, Zwetschge

Aufgabe 11: a) Papaya; b) Nashi; c) Kaki (Sharonfrucht); d) Kapstachelbeere (Physalis); e) Mango; f) Kiwi; g) Litschi; h) Melone; i) Avocado; j) Sternfrucht (Karambole)

KOHL VERLAG Lernen mit Erfolg
Lernwerkstatt OBST & GEMÜSE Was ist gesund? – Bestell-Nr. 11 747

Bildquellenverzeichnis

Seiten 3-56 (oben)	© lassedesignen - fotolia.com
Seite 4	© gekaskr & alain wacquier - fotolia.com
Seite 6	© Feng Yu - fotolia.com
Seite 7	© designua & Africa Studio - fotolia.com
Seite 8	© virinaflora - fotolia.com
Seite 9	© virinaflora - fotolia.com
Seite 10	© Ideenkoch - fotolia.com
Seite 11	© Igor Zakowski, Sky Masterson, nikiteev & avdeev_80 - fotolia.com © clipart.com
Seite 12	© virinaflora & fotokalle - fotolia.com
Seite 13	© Marco2811 & Gabriele Rohde - fotolia.com
Seite 14	© virinaflora, womue, Roman Samokhin, photocrew, alexlukin, Tim UR, kovaleva_ka & ExQuisine - fotolia.com
Seite 15	© virinaflora, Tim UR, macrovector, yurakp, prikhnenko, Irina Ukrainets, Natika, La Gorda, natasha_55, atoss, denira & GIS - fotolia.com
Seite 16	© fotokalle & Nataliya Yakovleva - fotolia.com © clipart.com
Seite 17	© HLPhoto, maxsol7, photocrew, Roman Ivaschenko, Nicolas BEAUMONT, TwilightArtPictures, euthymia, Harald Biebel & Margit Power - fotolia.com
Seite 18	© Natalya Korsak - fotolia.com
Seite 19	© Igor Zakowski, veida7 & Anna Kucherova - fotolia.com © clipart.com
Seite 20	© hanaschwarz & olegganko - fotolia.com
Seite 21	© kovaleva_ka, photocrew, ExQuisine, alexlukin, womue & Tim UR - fotolia.com
Seite 22	© Tim UR, womue, kovaleva_ka, ExQuisine & alexlukin - fotolia.com
Seite 23	© brozova - fotolia.com © clipart.com
Seite 24	© Tim UR, Natika, Irina Ukrainets & prikhnenko - fotolia.com
Seite 25	© Tim UR, yurakp, kovaleva_ka, Igor Zakowski & Sergey Yakovlev - fotolia.com © clipart.com
Seite 26	© Marija Piliponyte, natasha_55, Olga Iermolaieva, Roman Samokhin, vladischern, svetavo, mumut, Igor Zakowski & artikularis - Fotolia.com
Seite 27	© pluto73, denira, Fotos 593 & Capeman29 - fotolia.com
Seite 28	© yurakp, jokatoons & Igor Zakowski - fotolia.com © clipart.com
Seite 29	© yurakp, Alexey Bannykh, natasha_55, atoss & adrenalinapura - fotolia.com
Seite 30	© La Gorda, yurakp, kovaleva_ka, photocrew, womue, atoss, Tim UR & virinaflora - Fotolia.com
Seite 31	© Barbara Pheby, Swapan & virinaflora - Fotolia.com
Seite 32	© Tim UR, Lsantilli, Barbara Pheby, thodonal, Barbara Pheby & emuck - Fotolia.com
Seite 33	© volff, eyetronic, Africa Studio, Tim UR & Igor Zakowski - fotolia.com
Seite 34	© sbego, chones & pocohome - fotolia.com
Seite 35	© emuck, komar.maria, Barbara Pheby & Sven Weber - fotolia.com
Seite 36	© Leonid Nyshko, Klaus Eppele, alain wacquier, andregric, atoss & olhaafanasieva - fotolia.com
Seite 37	© Thomas Francois, Barbara Pheby, Joachim Opelka & emuck - fotolia.com
Seite 38	© Aloksa, bergamont, alain wacquier, atoss, Leonie Nyshko, ExQuisine, Bobo & amphaiwan - Fotolia.com
Seite 39	© emuck, Buriy, Andrey Starostin, Barbara Pheby & hanaschwarz - Fotolia.com
Seite 40	© yurakp, ognianmed & valery121283 - Fotolia.com
Seite 41	© virinaflora - Fotolia.com
Seite 42	© Kamaga, virinaflora & photka - Fotolia.com © clipart.com
Seite 43	© cirodelia, johannes86 & ecco - Fotolia.com
Seite 45	© Barbara Pheby, Swapan, Tim UR, Picture Partners, eyetronic, emuck & komar.maria - Fotolia.com
Seite 46	© Barbara Pheby, Thomas Francois, Joachim Opelka, Buriy, emuck, Andrey Starostin, yurakp, ognianmed, valery121283, La Gorda, veida7, ArtemSam & womue - Fotolia.com
Seite 47	© Tim UR, kovaleva_ka, womie, photocrew, macrovector, Natika, Irina Ukrainets, natasha_55, yurakp, La Gorda, atoss & margo555 - Fotolia.com
Seite 48	© asvitt - Fotolia.com
Seite 49	© M. Schuppich & katerina_dav - fotolia.com © clipart.com
Seite 50	© Dionisvera, yodaswaj, valery121283, sommai, atoss, saknakorn, thomasklee, nata777_7 & womue - fotolia.com